Reden ist Gold – wie Gespräche die Liebe stärken

Jo Eckardt

Reden ist Gold – wie Gespräche die Liebe stärken

Patmos Verlag

VERLAGSGRUPPE PATMOS

PATMOS
ESCHBACH
GRÜNEWALD
THORBECKE
SCHWABEN

Die Verlagsgruppe
mit Sinn für das Leben

MIX
Papier aus verantwortungsvollen Quellen
FSC www.fsc.org FSC® C083411

Für die Schwabenverlag AG ist Nachhaltigkeit ein wichtiger Maßstab ihres Handelns. Wir achten daher auf den Einsatz umweltschonender Ressourcen und Materialien.

Bibliografische Information der Deutschen Nationalbibliothek
Die Deutsche Nationalbibliothek verzeichnet diese Publikation in der Deutschen Nationalbibliografie; detaillierte bibliografische Daten sind im Internet über http://dnb.d-nb.de abrufbar.

www.patmos.de

Umschlaggestaltung: Finken & Bumiller, Stuttgart
Druck: CPI – Ebner & Spiegel, Ulm
Hergestellt in Deutschland
ISBN 978-3-8436-0746-9 (Print)
ISBN 978-3-8436-0747-6 (eBook)

Inhalt

Einführung

Am Anfang haben sich Verliebte so viel zu erzählen – die Stunden des Tages reichen nicht aus für all die intensiven Gespräche! Später werden die Worte weniger, und wenn man nicht aufpasst, versiegen sie ganz. Wer schweigt, läuft allerdings Gefahr, dass die andere Person eigene Schlüsse zieht. Nur zu oft wird die fehlende Bereitschaft zum Reden als Desinteresse ausgelegt. Der andere redet dann verständlicherweise auch weniger – die Abwärtsspirale beginnt –, und gemeinsam fährt man, wenn man Pech hat, die Beziehung an die Wand.

Doch wie schafft man es, im Gespräch zu bleiben und so die Bindung aufrechtzuerhalten? Hilfe könnte eine Paartherapie oder Eheberatung bieten, die den Partnern ermöglicht, die Kommunikation wiederaufzunehmen, ohne dass die Situation weiter eskaliert. Falls Sie mit dem Gedanken spielen, Hilfe von außen zu holen, dann tun Sie das! Wenn Sie allerdings im Moment niemanden hinzuziehen wollen, dann bietet dieses Buch eine Unterstützung bei dem Versuch, die Beziehung wieder ins Lot zu bringen. Und zwar nicht nur, indem es den Leserinnen und Lesern Themen und Fragestellungen vorstellt, die für die Beziehungspflege wichtig sind, sondern vor allem, indem es beide Partner dazu anleitet, sich in die oder den andere/-n hineinzuversetzen. Erst wenn dies geschehen ist, findet das eigentliche Gespräch statt. Dadurch, dass alles aufgeschrieben wird, steigt die Chance, die üblichen Anschuldigungen und Vorwürfe zu vermeiden und stattdessen zum wirklichen Kern der Problematik vorzudringen.

Allerdings ist dieses Buch nicht für alle Paare geeignet. Da die Gespräche nicht von Außenstehenden begleitet werden, liegt die ganze Verantwortung für das Gelingen des Austauschs bei den beiden Gesprächsteilnehmern selbst. Das erfordert sehr viel guten Willen und Respekt vor dem Partner oder der Partnerin. Daher empfehle ich dieses Buch nur für Paare, in denen beide Partner

- respektvoll zuhören können,
- noch Zuneigung füreinander empfinden und der anderen Person gegenüber wohlgesonnen sind,
- in der Vergangenheit keine Gewalt angewendet haben,
- frei sind von psychischen Störungen (dazu zählen schwere Depressionen, Manien, Persönlichkeitsstörungen),
- frei sind von Suchtproblemen (Alkohol, Drogen),
- einsichtsfähig sind,
- bereit sind, etwas Neues zu wagen.

Keine Rolle spielt hingegen, ob Sie mit oder ohne Trauschein zusammen sind, in einer heterosexuellen oder gleichgeschlechtlichen Partnerschaft leben, Kinder haben oder nicht. Falls die oben genannten Grundvoraussetzungen auf Sie zutreffen, dann lesen Sie die nachfolgende kurze Gebrauchsanweisung und entscheiden Sie dann gemeinsam, ob Sie bereit sind, Ihre Beziehung einmal gründlich zu durchleuchten.

Um allzu sperrige Umschreibungen wie „der oder die Partner/-in" zu vermeiden, wechsele ich die Geschlechter ab und spreche – manchmal auch über längere Passagen – mal nur vom Partner, dann wieder nur von der Partnerin. Lassen Sie sich dadurch nicht irritieren, es ist damit immer die jeweils andere Person in ihrer Beziehung gemeint.

Teil I
Sich auf das Gespräch vorbereiten

Reden ist Gold – eine kurze Gebrauchsanweisung

Bevor es richtig losgeht, noch ein paar Hinweise, wie Ihnen dieses Buch am besten helfen kann.

Die Übungen, die ich Ihnen vorschlage, machen Sie am besten jeweils, jeder für sich, auf einem separaten Blatt Papier, da der Platz in diesem Buch sicher nicht ausreicht. Beim Beantworten der Fragen ist es wichtig, sich zunächst einmal Klarheit über die eigenen Gefühle zu verschaffen. Gleichzeitig geht es darum, sich in die andere Person hineinzuversetzen. Im sich anschließenden gemeinsamen Gespräch können dann beide Partner austesten, inwieweit ihre Annahmen über die andere Person und die Beziehung als solche zutreffen. Wenn man am Anfang oft falschliegt, ist das gar nicht schlimm, solange die neuen Erkenntnisse dazu genutzt werden, das Bild vom Partner zu revidieren und einen Perspektivenwechsel einzuleiten.

Natürlich ist es gewagt, die ganz besondere Problematik, die Sie beide erleben, in ein enges Korsett von Fragen und Antworten zu drängen. Streckenweise werden die Fragestellungen vielleicht Ihrer Situation auch nicht gerecht. Aber Sie müssen sich auch gar nicht sklavisch an den Fragenkatalog halten! Im günstigsten Fall wird sich das anschließende Gespräch ohnehin von den Vorgaben lösen und zu den Themen führen, die für Sie wichtig sind. Es kann aber auch durchaus sein, dass Fragen, die Ihnen zunächst irrelevant erschienen, zu neuen Erkenntnissen führen!

Vor allem: Lassen Sie sich Zeit! Wenn sich Entfremdung in einer Beziehung breitgemacht hat, erfordert eine Wiederannäherung der Partner Geduld. Verschieben Sie die Lösung der großen Frage „Bleiben wir zusammen oder trennen wir uns?“ auf später! Jetzt geht es erst einmal darum, die eigenen Gefühle und die des Partners besser zu verstehen. Erst dann lässt sich einschätzen, wie die Chancen stehen.

Das Buch muss nicht systematisch von vorne nach hinten durchgearbeitet werden. Allerdings sollten Sie sich die nachfolgenden beiden Kapitel „Eine kleine Kommunikationsschule“ und „Bestandsaufnahme“ tatsächlich zuerst vornehmen, bevor Sie mit den Gesprächen beginnen. Danach können Sie je nach Bedürfnis thematisch springen. Ratsam wäre es, einen festen Rahmen für die Gespräche festzulegen, z. B. ein fester Termin pro Woche. Achten Sie auch darauf, dass Sie bei dem Gespräch wirklich ungestört bleiben.

Falls ein Gespräch zu entgleisen droht, brechen Sie am besten ab. Was hierbei wichtig ist, steht im Kapitel „Wenn ein Gespräch entgleist“ in Teil 3. Machen Sie später mit einem anderen Thema einen neuen Versuch, konzentrieren Sie sich dabei auf die Punkte, an denen sich am ehesten etwas bewegen kann. Wenn der Austausch schwierig wird, ist es gut, auf denjenigen Momenten aufzubauen, in denen nach Ihrem Gefühl auf beiden Seiten der Wille da war, sich gegenseitig zu verstehen. Denn in diesen Momenten des Verständnisses und des Wohlwollens liegt Ihre Chance!

Eine kleine Kommunikationsschule

Lara und Klaus haben gerade gegessen und Klaus steht vom Tisch auf, um nachzusehen, ob es etwas Interessantes im Fernsehen gibt.

Lara: „Willst du nicht deinen Teller abräumen?"

Klaus: „Ach ja, klar, mach ich gleich. Ich wollte nur mal eben gucken, ob nachher Fußball kommt."

Lara: „Ach toll. Dann kann ich ja in dieser Zeit den Abwasch machen!"

Klaus: „Warum wirst du gleich so sarkastisch? Wenn du willst, kann ich jetzt auch schnell den Abwasch machen – ehe du wieder sauer wirst."

Lara: „Ehe ich wieder sauer werde? Was soll das denn jetzt schon wieder heißen?"

Klaus: „Na ja, stimmt doch. Irgendwas hast du doch immer zu meckern."

Wenn die beiden nicht schnell einlenken, finden sie sich gleich in einem heftigen Streit wieder, wie so oft. Dabei ist eigentlich gar nichts vorgefallen. Ein Streit aus dem Nichts heraus, sozusagen.

Die meisten Beziehungen zerbrechen wahrscheinlich, weil die Partner nicht richtig kommunizieren. Dabei glauben sie erst einmal, es liege an anderen Dingen wie:

- an der fehlenden Zuneigung der oder des anderen,
- an der mangelnden Verantwortung oder Treue des Partners,
- am mangelnden Willen der anderen Person, sich anzustrengen,
- am Versiegen der Liebe,

- an der äußeren Situation, an der die Beziehung zerbricht,
- an der völlig anderen Lebenseinstellung der Partnerin,
- an den Belastungen durch die Familie.

Wie kann eine gestörte Kommunikation schuld sein an all diesen ganz verschiedenen Situationen?

Es ist tatsächlich so, dass eine gesunde Beziehung sehr viele Belastungen aushalten würde. Wenn aber im Laufe der Zeit die Partner immer weniger miteinander reden und stattdessen das Verhalten des anderen interpretieren, ohne die Richtigkeit ihrer Annahmen zu hinterfragen, dann kommen beide zu Schlüssen, die oft falsch sind, aber trotzdem alles vergiften. Solche Interpretationen sind zum Beispiel:

- „Er interessiert sich nicht mehr für mich."
- „Meine beruflichen Sorgen sind ihr ganz egal!"
- „Wenn ich ihm wirklich wichtig wäre, würde er meine Wünsche erfüllen."
- „Sie erwartet, dass ich alles für sie erledige."

Wenn man einmal anfängt, am Interesse des anderen zu zweifeln, beginnt man, sich selbst zurückzuziehen (was der Partner dann wiederum als emotionalen Rückzug interpretieren kann). Oder aber man erhöht den Druck auf den Partner und fordert Aufmerksamkeit ein. Besser wäre es, man spräche von Anfang an offen über die eigenen Beobachtungen, Befürchtungen und Bedürfnisse. Aber leider kommunizieren die meisten Menschen weniger in „Ich-Sätzen" (so wie: „Ich sehne mich nach mehr Zärtlichkeit"), sondern eher in „Du-Sätzen": „Warum nimmst du mich nicht mehr in den Arm?"

Druck und Gegendruck

Wer Druck erzeugt, erntet Gegendruck. Stellen Sie sich vor, jemand, der hinter Ihnen steht, fährt sie an der Käsetheke an: „He, drängeln Sie sich nicht so vor!“ Die meisten Menschen werden impulsiv die Anschuldigung abwehren: „Was soll das? Sie sind doch nach mir gekommen!“ Leider kommt es auch in Beziehungen oft zu Angriff-Gegenangriff-Szenarien, also zu Beschuldigungen, die mit Gegenbeschuldigungen abgeschmettert werden. Dabei wollen wir doch nur, dass die andere Person uns versteht.

Es ist nicht leicht, so zu kommunizieren, dass die eigene Betroffenheit und Unzufriedenheit klar rüberkommt, ohne den Partner zu beschuldigen. Es ist auch nicht leicht, die Klagen des Partners zu hören und sich dabei nicht schuldig zu fühlen und unter Druck setzen zu lassen. Was also ist die Alternative? Offene Gespräche können nur funktionieren, wenn man sich ehrlich darum bemüht, die eigenen Gefühle und Bedürfnisse auszudrücken und die des Partners zu verstehen.

Tatsächlich ist die Art, wie man miteinander redet, so wichtig, dass sie Rückschlüsse darauf zulässt, ob eine Beziehung Bestand haben wird oder nicht. Untersuchungen haben gezeigt, dass Paare, die während eines von Wissenschaftlern beobachteten Streitgesprächs bestimmte negative Kommunikationsmuster einsetzten, sich später mit hoher Wahrscheinlichkeit trennten. Zu diesen negativen Kommunikationsmustern gehören scharfe Kritik, Sarkasmus, Vorwürfe, fehlende Bereitschaft zur Eigenverantwortung und der emotionale Rückzug. Mit anderen Worten: Paare, bei denen im alltäglichen Umgang Kritik, Sarkasmus oder emotionale Unerreichbarkeit dominieren, riskieren, dass sie auseinandergehen werden.

Die Gespräche, zu denen dieses Buch Sie anregen will,

können nur dann funktionieren, wenn Sie solche negativen Kommunikationsmuster nicht anwenden. Methoden, die vermieden werden sollten:

- die Partnerin als Person angreifen, vernichtende Kritik („Du bist eine totale Egoistin!“),
- den anderen verächtlich machen, Sarkasmus („Du weißt ja sowieso alles besser, du Superheld!“),
- Schuldzuweisungen ohne Erkennen der eigenen Verantwortlichkeit („Ich mache das ja nur, weil du dich so danebenbenimmst“),
- emotionale Unerreichbarkeit („Mach doch, was du willst, hat doch eh alles keinen Sinn mehr. Ich klink' mich hier aus“),
- Verhärtung der Fronten („Ach nee, jetzt entschuldigst du dich! Jetzt ist es aber zu spät“).

Natürlich fallen solche Kommentare nur, wenn beide Partner schon relativ viel Groll aufgebaut und einige Verletzungen eingesteckt haben. Es mag schwierig erscheinen, aus so einem Muster wieder herauszukommen. Auf jeden Fall erfordert es viel guten Willen auf beiden Seiten. Überlegen Sie sich, ob die folgenden Bedingungen von Ihnen beiden erfüllt werden:

- Beide Partner haben das Gefühl, den Partner nicht mehr richtig zu verstehen.
- Der Wunsch nach Verständigung ist aber da.
- Die Wut hat noch nicht das Ausmaß angenommen, den anderen völlig vernichten zu wollen.
- Beide Partner sind bereit, Verantwortung für vergangene Verletzungen zu übernehmen.
- Beide Partner sind bereit, sich anzustrengen, um aus alten Mustern auszubrechen.

Falls Sie beide den obigen Aussagen zustimmen, dann lohnt sich der Versuch, einmal etwas anders zu machen:

Vorschläge für aktives Zuhören

- Blicken Sie Ihrem Partner beim Zuhören immer wieder in die Augen, geben Sie durch Ihre Körperhaltung und Mimik zu verstehen, dass Sie tatsächlich zuhören.
- Lassen Sie die andere Person ausreden.
- Stellen Sie Fragen, die den Sprecher dazu ermutigen, das Gesagte zu vertiefen („Wieso glaubst du das? Was hat dieses Gefühl ausgelöst?").
- Falls Sie verstehen, was Ihre Partnerin sagt, dann machen Sie dies deutlich (durch ein Kopfnicken oder Bemerkungen wie: „Ja, das kann ich gut verstehen.")
- Wenn Ihr Partner direkt oder indirekt eine Emotion ausdrückt, also entweder sagt: „Ich bin wütend", oder aber auch nur wütend aussieht, dann vergewissern Sie sich, ob Sie diese Emotion richtig interpretieren: „Wenn ich dich richtig verstanden habe, macht es dich wütend, was ich gerade gesagt habe." Diese Technik nennt man übrigens auch „Spiegeln". Sie geht mit der Annahme einher, dass man sich erst dann über konkrete Dinge unterhalten kann, wenn der Sprecher das Gefühl hat, dass sein Gefühl beim anderen angekommen ist. Sie müssen das Gefühl nicht gutheißen, sondern nur zur Kenntnis und vor allem ernst nehmen!
- Versuchen Sie, sich in Ihre Partnerin hineinzuversetzen. Mit anderen Worten: Beziehen Sie nicht alles gleich auf sich. Wenn also Ihr Gegenüber sagt: „Ich fühle mich so unglücklich", dann sehen Sie dies nicht gleich als einen Angriff, sondern bleiben Sie bei Ihrer Partnerin und bitten Sie sie, mehr über dieses Gefühl zu erzählen.

- Vermeiden Sie Ratschläge. Wenn jemand ein Problem darlegt, wollen wir immer gleich helfen und sagen, was zu tun ist. Meist erreicht man mit Ratschlägen aber nur, dass der andere sich abwehrend verhält. Setzen Sie sich stattdessen das Ziel: Ich will wirklich nur verstehen, wie es meinem Partner geht. Es geht noch nicht um Lösungen! Lieber sind wir gemeinsam ratlos.

Denken Sie bei Gesprächen nicht gleich an die Lösung. Das Ziel ist erst einmal, zu verstehen, in welcher Situation der oder die andere steckt.

Wenn Sie diese Hinweise befolgen und Sie Ihrem Partner tatsächlich das Gefühl vermitteln, das Gesagte ist bei Ihnen angekommen, dann kann er hoffentlich ebenso gut zuhören, wenn Sie sprechen. Aber auch die sprechende Person sollte einige Dinge beachten!

Vorschläge für offenes Sprechen

Halten Sie Blickkontakt und reden Sie nicht die Wand oder den Boden an.

Reden Sie von sich und Ihren Gefühlen (Ich-Sätze), statt Vorwürfe zu machen (Du-Sätze). Also „Ich brauche Zeit für mich“ statt „Du bedrängst mich zu sehr“.

Reden Sie nicht zu schnell und versichern Sie sich ab und zu, dass Ihr Partner Ihnen noch folgen kann.

Lesen Sie sich die folgenden Aussagen durch und überlegen Sie dabei, wie Sie sich als Empfänger dieser Sätze fühlen würden.

- „Das hast du mir doch schon so oft gesagt.“
- „Das stimmt nicht!“
- „Du spinnst!“

- „Ich kann mich aber nicht ändern.“
- „Du hörst mir nie zu!“
- „Immer muss ich alles alleine machen.“
- „Dir ist doch sowieso alles egal.“
- „Man kann sich nicht auf dich verlassen.“
- „Ja, klar (begleitet von verächtlichem Schnauben oder Augenrollen)!“
- „Halt endlich den Mund!“

Jeder dieser Sätze ist gleichsam ein Keulenschlag. Darin stecken Beleidigungen, Anschuldigungen, Mutmaßungen, die als Tatsachen ausgegeben werden, Drohungen, Verachtung und die Absolutsetzung der eigenen Position.

Was kann man denn stattdessen sagen? Überlegen Sie zunächst selbst einmal, und schauen Sie sich erst dann die Vorschläge weiter unten an.

„Das hast du mir doch schon so oft gesagt.“
Stattdessen: ____________________

„Das stimmt nicht!“
Stattdessen: Ich sehe es anders.

„Du spinnst!“
Stattdessen: Ich habe das Gefühl, du übertreibst

„Ich kann mich aber nicht ändern.“
Stattdessen: ____________________

„Du hörst mir nie zu!“
Stattdessen: Ich habe das Gefühl, du bist mit deinen Gedanken ganz woanders

„Immer muss ich alles alleine machen.“
Stattdessen: Mir wäre es lieb, wenn du mir helfen könntest

„Dir ist doch sowieso alles egal."
Stattdessen: Ich habe das Gefühl, es interessiert dich nicht.

„Man kann sich nicht auf dich verlassen."
Stattdessen: Ich fühle mich mit der Situation alleine gelassen

„Ja, klar (begleitet von verächtlichem Schnauben oder Augenrollen)!"
Stattdessen: ______________________

„Halt endlich den Mund!"
Stattdessen: Bitte sei still, ich möchte meine Ruhe.

Und? Ist es Ihnen schwergefallen? Falls ja, könnten Sie mal schauen, welche Alternativen ich Ihnen vorschlagen würde:

- ~~„Das hast du mir doch schon so oft gesagt."~~
- Stattdessen: „Ich würde dich gerne verstehen, aber an diesem Punkt hakt es bei mir."

- ~~„Das stimmt nicht!"~~
- Stattdessen: „Das ist in meiner Erinnerung anders gewesen."

- ~~„Du spinnst!"~~
- Stattdessen: „Ich kann dir gerade nicht mehr folgen."

- ~~„Ich kann mich aber nicht ändern."~~
- Stattdessen: „Es gibt da einen großen Unterschied zwischen uns, mir ist das einfach nicht so wichtig und das kann ich auch nicht ändern. Aber ich kann mich anstrengen und in Zukunft besser aufpassen."

- ~~„Du hörst mir nie zu!“~~
- Stattdessen: „Ich wünsche mir, dass das, was ich sage, bei dir auch ankommt. Wenn du das Thema wechselst (mir nicht zuhörst), habe ich das Gefühl, du interessierst dich nicht mehr für mich.“

- ~~„Immer muss ich alles~~ alleine machen.“
- Stattdessen: „Ich fühle mich überlastet.“

- ~~„Dir ist doch sowieso alles egal.“~~
- Stattdessen: „Ich wünsche mir ein Zeichen von dir, dass dir unsere Beziehung noch wichtig ist.“

- ~~„Man kann sich nicht auf dich verlassen.“~~
- Stattdessen: „Ich habe momentan kein Vertrauen zu dir.“

- ~~„Ja, klar (begleitet von verächtlichem Schnauben oder Augenrollen)!“~~
- Stattdessen: „Wieso glaubst du das?“

- ~~„Halt endlich den Mund!“~~
- Stattdessen: „Es tut mir leid, aber ich brauche eine Pause. Lass uns hier abbrechen, wir stecken fest.“

Wenn trotz bester Vorsätze auf beiden Seiten die Kommunikation doch mal wieder schiefläuft, dann verzweifeln Sie nicht. Versuchen Sie einfach, immer wieder zu üben, von sich und Ihren Gefühlen in Ich-Sätzen zu sprechen, statt Ihrem Partner Vorwürfe zu machen (Du-Sätze). Also bitte nicht: „Siehst du, du schreist mich schon wieder an. Ich habe es doch gewusst, dass du es nicht schaffst.“ Stattdessen: „Ich merke, ich mache schon wieder zu. Wenn du so laut wirst, dann zieht sich was in mir zusammen und ich kann dir nicht mehr zuhören.“ Am besten einigen Sie sich gleich auf ein Notsignal, eine Art Notbremse, um fehlgelaufene Kommunikation zu stoppen. Falls Ihnen kein eigener Satz einfällt, dann benutzen Sie diesen: „Stopp, es geht nicht mehr. Lass uns eine Pause machen!"

Einige weitere Tipps:

- Haben Sie Geduld. Erwarten Sie nicht die Lösung Ihrer Probleme beim ersten Gespräch.
- Im Gegenteil: Nehmen Sie sich vor, die Frage, wie es mit der Beziehung weitergeht, erst ganz am Schluss zu besprechen.
- Verlieren Sie sich nicht in Nebensächlichkeiten. Es geht darum, sich besser zu verstehen. Mit anderen Worten: Es ist zunächst einmal nebensächlich, wer wie oft den Müll nicht rausgebracht hat, wichtig ist aber, wenn ein Partner sich nach mehr Mithilfe sehnt.
- Verlieren Sie sich nicht in der Fülle der Beispiele. Wenn zu viel auf einmal auf den Gesprächspartner einprasselt, geht er/sie in die Defensive.
- Umgekehrt: Seien Sie so konkret wie möglich. „Ich fühle mich nicht geliebt" ist nicht so klar wie: „Ich wünschte mir, wir würden öfter mal zusammen kuscheln, so wie früher."

Dies war jetzt ein Schnelldurchlauf in Kommunikationstheorie. Es gibt Kurse, in denen man solche Strategien einübt – an mehreren Wochenenden. Erwarten Sie daher nicht, nach einmaligem Lesen gleich alles anders machen zu können. Solche Dinge wollen geübt werden. Lesen Sie dieses Kapitel einfach demnächst nochmals durch.

Aber jetzt ist es Zeit für die erste Gesprächsvorbereitung! Nehmen Sie sich das nächste Kapitel („Bestandsaufnahme") vor und schreiben Sie – beide Partner unabhängig voneinander – die Antworten zu den Fragen auf.

Bestandsaufnahme

Anna und Jan leben seit sechs Jahren zusammen. Seit drei Jahren versuchen sie, ein Kind zu bekommen, aber bisher erfolglos. Anna ist inzwischen 33 und wirft sich insgeheim vor, zu lange gewartet zu haben. Sie möchte, dass es jetzt schnell geht, und hat vor, eine Hormonbehandlung zu beginnen, notfalls erwägt sie auch eine In-vitro-Befruchtung. Jan will davon aber nichts wissen. Er meint, sie mache zu viel Druck, und es würde schon alles werden. Sie hätten doch Zeit, sagt er.

Ihre ganz unterschiedlichen Haltungen haben in letzter Zeit immer wieder zu Spannungen und sogar Streit geführt, so dass Anna sich schon fragt, ob die Beziehung in Gefahr ist. Und damit auch ihre Chance auf ein Kind. Jan dagegen fragt sich, ob er in Annas Lebensplanung noch vorkommt oder ob er nur noch der Samenspender ist. Die beiden beschließen, eine Paarberatung aufzusuchen, um diese grundsätzlichen Fragen zu klären.

Bevor Sie darangehen, in Ihrer Beziehung etwas zu verändern, wäre es sinnvoll festzuhalten, wo Sie und Ihr Partner bzw. Ihre Partnerin gerade stehen. Zum einen können Sie dadurch schon einmal ausprobieren, wie es ist, wenn Sie Ihren eigenen Gefühlen auf den Grund gehen, und sich dann mit Ihrer Partnerin darüber austauschen. Zum anderen wird es später möglich sein zu sehen, ob sich nach der Zeit der intensiven Treffen und Gespräche tatsächlich etwas verändert hat.

Die Fragen in diesem Kapitel zielen darauf, Ihre jetzige Situation zu beschreiben und gleichzeitig einige Ziele abzustecken. Beschäftigen Sie sich vor dem ersten Treffen allein mit den nachfolgenden Fragen und Übungen – ohne sich abzustimmen.

Heutiges Datum:

Wann haben Sie sich kennengelernt?

Wann wurde eine feste Beziehung daraus?

Falls zutreffend: Wann war die Heirat beziehungsweise Verpartnerung?

Zeichnen Sie die Phasen Ihrer Beziehung (siehe die nachfolgende Erklärung).

Auch wenn Sie zeichnerisch nicht kreativ oder begabt sind, hilft es manchmal, Dinge visuell darzustellen, um sich ein besseres Bild machen zu können. Stellen Sie Ihre Beziehung chronologisch dar in einer Grafik, wobei Sie auf der waagerechten Achse die entsprechenden Zeitangaben eintragen (erstes Kennenlernen, Beginn der Beziehung, wichtige Ereignisse bis zum heutigen Datum). Die vertikale Achse zeigt das Maß an Zufriedenheit in der Beziehung an.

Beginnen Sie Ihre Linie mit einem Punkt am Anfang der Beziehung, und setzen Sie dabei diesen Punkt auf der Höhe des Maßes an „Erfülltheit“ oder des Glücks, das Sie zu dem Zeitpunkt gefühlt haben. Dann fahren Sie chronologisch fort und heben oder senken Sie die Linie, je nachdem, wie erfüllt und glücklich oder wie frustriert Sie in der Beziehung waren. Bestimmte Zeitpunkte können Sie auch mit einem „x“ markieren und beschriften (z. B. Heirat, Urlaub, Geburt eines Kindes, Krise etc.).

Hier ein Beispiel:

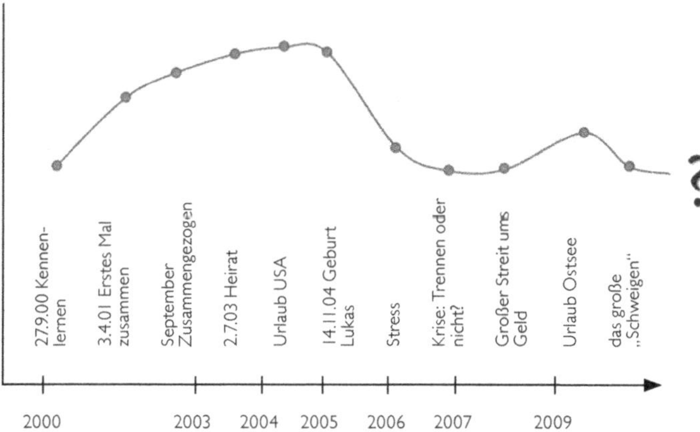

Abb. 1: Phasen der Beziehung – Beispiel

Zeichnen Sie nun also Ihre eigene Beziehungsgrafik:

Abb. 2: Phasen meiner Beziehung

An welchem Punkt erreicht Ihre Kurve den höchsten Wert? Was war besonders in dieser Zeit?

Was haben Sie während der schönsten Zeiten und/oder zu Beginn Ihrer Beziehung an Ihrer Partnerin / Ihrem Partner besonders geschätzt und geliebt?

Überlegen Sie einmal: Was hat die andere Person an Ihnen wohl besonders gemocht?

Interessant ist der Punkt, an dem die Kurve ihre Richtung ändert und nach unten geht. Wann war das bei Ihnen? Gibt es einen konkreten Anlass, eine Krise, oder bewegte sich die Linie einfach zu lange auf gleichem Niveau und sackte dann langsam ab?

Wenn Sie zu dem Zeitpunkt zurückgehen könnten, an dem sich die Zufriedenheitskurve in der Paarbeziehung änderte, was würden Sie heute anders machen?

Umreißen Sie in drei oder vier Stichworten, wo die Beziehung problematisch ist (es sollen wirklich nur Themen benannt werden, die tiefere Analyse kommt dann später!).

Wo wird die Beziehung in ein bis zwei Jahren sein, wenn sich nichts ändert?

Wie hoch ist Ihr Engagement für die Beziehung? ______%

(90% und höher entsprächen der ziemlichen Gewissheit, die Liebe des Lebens gefunden zu haben, 80% würde vielleicht jemand angeben, der zu der Beziehung steht, aber doch öfter mal zweifelt, ob es wirklich die Beziehung fürs Leben ist, 50% verdeutlicht, dass jemand hin- und herschwankt, und die Angabe von

20% und weniger macht jemand, der nur auf den richtigen Moment wartet, um Schluss zu machen.)

Wollen Sie zu Ihrer Angabe eine Bemerkung machen?

Was glauben Sie, mit welcher Prozentzahl Ihre Partnerin bzw. Ihr Partner bei der obigen Frage antworten wird?

Kreuzen Sie im Folgenden auf der Linie an, wo Sie Ihre Partnerschaft zurzeit sehen, also eher bei dem jeweiligen Begriff auf der linken oder eher auf der rechten Seite.

positiver Umgang	**Machen Sie hier Ihr Kreuz auf der Linie**	**negativer Umgang**
Liebe/ Zuneigung	______________________	Desinteresse
Austausch von Zärtlichkeiten	______________________	keine Berührung
Gemeinsamkeit	______________________	Jeder macht sein eigenes Ding
Begehren/ Verlangen	______________________	Abstoßung/ Ekel
respektvoller Umgang	______________________	Verächtlichmachung/ Verletzung
Wohlwollen	______________________	Nörgelei/Kritik
...	______________________	...

In welchen der oben genannten Bereiche würden Sie gerne etwas ändern?

Was müsste sich ändern, damit Ihr Engagement für die Beziehung wieder steigen würde?

Was glauben Sie, wie Ihr Partner bzw. Ihre Partnerin auf diese Frage antwortet?

Wovor haben Sie Angst?

Benennen Sie zum Abschluss eine Situation oder einen Konflikt, den Sie am Ende des Prozesses (nach gelungener Wiederannäherung) gerne lösen möchten.

Das Gespräch zum Thema „Bestandsaufnahme"

Sie haben beide die Fragen zum Thema Bestandsaufnahme beantwortet und aufgeschrieben. Dann lesen Sie jetzt bitte die folgenden Bemerkungen, ehe Sie sich zum Gespräch treffen, um sich über Ihre Bestandsaufnahme auszutauschen.

Damit das Gespräch in ruhigen Bahnen verläuft, sind folgende Regeln zu empfehlen:

- Wenn eine Person vorliest, hört die andere Person zu, ohne zu unterbrechen.
- Wenn die Person fertig ist, liest die andere Person ihre Antwort vor (immer abwechselnd).
- Im Idealfall entwickelt sich ein Gespräch, in dem beide Partner Fragen stellen („Wie meinst du das?") und darüber reden, was sie empfinden.
- Vermeiden Sie auf jeden Fall Vorwürfe!
- Ziel des Gesprächs sollte sein, einander zu verstehen! Es geht also nicht darum, wer recht hat, sondern herauszufinden: „Was empfinde ich? Was empfindet mein Partner / meine Partnerin?"
- Wenn der Lautstärkepegel steigt oder die Partner einander nicht zuhören können, ist das ein Anzeichen, dass es nicht mehr darum geht, den anderen zu verstehen.

Dann bitte eine Pause einlegen, in der jeder für sich aufschreibt, was er gerade empfindet. (Denken Sie daran, den Satz mit „Ich fühle …“ zu beginnen). Wenn das Gespräch danach trotzdem weiter eskaliert, lesen Sie bitte das Kapitel „Wenn ein Gespräch entgleist“.

Natürlich können Sie auch eigene Regeln aufstellen. Wichtig ist, dass Sie beide sich einig sind.

Möglicherweise haben Sie Angst, Ihren Partner zu verletzen, oder davor, selbst verletzt zu werden. Gerade die Frage danach, wie sehr Sie diese Beziehung noch wollen, könnte eine Lawine von Gefühlen lostreten. Soll es hier nicht erst einmal nur um eine Bestandsaufnahme gehen? Warum dann gleich eine solch existentielle Frage?

Bitte machen Sie sich klar, dass das erste Gespräch nicht dazu da ist, gleich eine Antwort auf die Frage zu finden, wie es weitergehen soll! Ziel des ersten Gespräches ist es herauszufinden, wie groß das Problem eigentlich ist. Wie viel Zuneigung gibt es noch? Welche Enttäuschungen, welche Wünsche, welche Hoffnungen können beide Partner identifizieren? Es geht darum, sich darüber klar zu werden, wo man selbst steht und wo der andere steht. Schrecken Sie daher bitte nicht zurück vor der Frage nach einem möglichen Ende. Sonst benehmen Sie sich wie ein Paar, das versucht, nicht über den Elefanten zu reden, der im Zimmer steht. Selbst wenn ein Partner die Frage nach dem Engagement für die Beziehung mit 20 % beantwortet, dann bedeutet das nicht gleich das Ende. Im Gegenteil: Solange noch eine Chance besteht, ist noch alles zu retten! Sie stehen am Anfang des Versuches, eine neue Gesprächskultur zu entwickeln – lassen Sie sich einfach davon überraschen, wie viel sich ändern kann. Wie heißt es so schön: „Wer nicht wagt, der nicht gewinnt.“ Sollte einer von Ihnen der Beziehung kaum noch eine Chance geben, dann ist es sowieso vorbei, wenn Sie jetzt nichts tun. Also wagen Sie es einfach und geben Sie der Ehrlichkeit eine Chance.

Falls Sie Angst davor haben, dass das Gespräch entgleiten könnte, dann beschränken Sie sich zu Anfang auf das abwechselnde Vorlesen der Antworten. Einigen Sie sich vorab darauf, dass nach jedem Vorlesen der oder die Zuhörende, wenn überhaupt, lediglich Verständnisfragen stellen darf.

Nach diesen vielen einleitenden Worten ist jetzt die Zeit gekommen: Beginnen Sie damit, sich gegenseitig Ihre Antworten vorzulesen. Ich wünsche Ihnen, dass Ihnen ein gutes Gespräch gelingt! Wenn Sie danach noch unsicher sind, lesen Sie am Ende der Sitzung hier weiter.

Sie haben alles vorgelesen, und den Antworten Ihres Partners, Ihrer Partnerin zugehört? Ich hoffe, dass Sie beide einige Aha-Erlebnisse hatten. Wenn es Ihnen jetzt gut geht, dann wählen Sie nun gemeinsam das Thema für die nächste Sitzung aus. Wenn Sie noch unbefriedigt sind, dann lesen Sie weiter:

Schauen Sie sich gemeinsam die folgenden Fragen an und reden Sie darüber, wie es Ihnen mit diesen Fragen geht:

Wie fühle ich mich jetzt?

Was war neu?

Was hat mir Hoffnung gemacht?

Wovor habe ich Angst?

Insgesamt fand ich dieses Gespräch …

Das würde ich mir beim nächsten Gespräch anders wünschen: …

Bitte bemühen Sie sich, abschließend noch etwas Positives über die Anstrengungen Ihres Partners bzw. Ihrer Partnerin zu sagen.

Auch wenn das erste Treffen noch keine „Lösung" gebracht hat (das wäre auch wirklich zu viel erwartet), sehen Sie es als einen Anfang. Bedanken Sie sich am Ende gegenseitig für den Respekt und das Interesse.

Teil 2
Die Gespräche

Gesprächsthema 1: Selbstverständnis, Rollen und Visionen

Gudrun und Johannes sind seit fünfunddreißig Jahren verheiratet. Die gemeinsamen Kinder sind schon lange aus dem Haus, und das Ehepaar führt ein ganz zufriedenes Leben. Johannes arbeitet als leitender Angestellter bei einer Versicherungsgesellschaft, Gudrun in der Personalabteilung einer größeren Firma. Vor fünf Jahren wurde Gudrun befördert und verdient nun fast so viel wie ihr Mann. Jetzt steht eine weitere Beförderung ins Haus. Die Firma hat ihr angeboten, eine Zweigfiliale in einer anderen Stadt als Geschäftsführerin zu übernehmen. Sie müsste dafür natürlich in die andere Stadt (ca. 150 km entfernt) umziehen, könnte aber immer an den Wochenenden nach Hause. Und in vier Jahren geht Klaus in Rente, dann könnten die beiden wieder zusammenziehen. Doch Klaus ist entschieden dagegen, dass Gudrun die Stelle annimmt. Es gehe nicht darum, dass er vier Tage in der Woche alleine wäre, das würde er schon hinbekommen, sagt er. Aber er mache sich Sorgen um seine Frau. Sie sei doch zufrieden mit ihrer jetzigen Position. Warum alles riskieren? Was, wenn es nicht klappt, und sie am Ende ohne alles dastünde? Gudrun versteht diese Sorgen nicht. Sie hat den Verdacht, dass Klaus sich nicht damit abfinden könnte, wenn sie eine „bessere" Position und einen größeren Verdienst hätte als er selbst.

Im Laufe jeder Beziehung bilden sich gewisse Rollen heraus, die von den Partnern übernommen werden. Zu Beginn kann es scheinen, dass die unterschiedlichen Stärken der beiden sich sehr gut ergänzen. Das kann sich später aber auch zu einer Art Fluch entwickeln, nämlich wenn sich diese Rollenaufteilung so weit festigt, dass man praktisch in ihnen gefangen ist.

Solche Rollen sind häufig:

- der starke Part,
- der schwache Part,
- die „Macherin“,
- das Opfer,
- der Täter,
- der Part, der immer nachgibt,
- der Kreative,
- die Fürsorgliche,
- der Gefühllose,
- die Praktische.

Man könnte statt der Rollen auch die Aufgaben benennen, die verteilt sind:

- das Geld verdienen,
- die Familie zusammenhalten,
- emotionale Versorgungsarbeit leisten,
- Streit schlichten,
- Lösungen finden,
- für den Haushalt sorgen,
- sich um die Kinder kümmern.

Tragen Sie in die folgende Tabelle (ggf. auch auf einem separaten Blatt) möglichst viele solcher Rollen und Aufgaben ein, die auf Sie zutreffen. Lassen Sie die zweite und dritte Spalte noch frei.

Meine Rolle / meine Aufgabe	Alternative	Konsequenz

…		

Und nun die Aufgaben und Rollen Ihres Partners:

Rolle und Aufgabe meines Partners	Alternative	Konsequenz
…		

Schreiben Sie nun in die zweite Spalte, welche Alternativen es zu der jeweiligen Rolle gibt. Wenn Sie immer nachgeben und dem anderen folgen, schreiben Sie also zum Beispiel als Alternative „mehr entscheiden, selbst bestimmen". Welche Konsequenzen würden sich aus dieser anderen Handlungsweise ergeben? Vermuten Sie einen positiven Effekt (zum Beispiel mehr Flexibilität) oder eher etwas Negatives (etwa vermehrten Stress oder Streitigkeiten)? Schreiben Sie dies in die dritte Spalte.

Warum halten so viele Menschen an einer Rollenverteilung fest, die eigentlich beide Partner gar nicht wollen? Zum einen entwickelt jede Beziehung ihre eigene Dynamik, und es schleifen sich mit der Zeit feste Gewohnheiten und Haltungen ein. Andererseits haben die Rollen sicherlich einmal einen Sinn gehabt. Selbst Rollen, die eigentlich nur noch belastend sind, erfüllen oft noch eine Funktion. So fühlt sich vielleicht jemand, der unter großen Ängsten leidet und nicht mehr alleine aus dem Haus gehen mag, zwar durch die Angst belastet, erfährt aber andererseits gerade durch die Ängstlichkeit Zuwendung und Sicherheit vom Partner. So kommt es, dass sich Menschen zwar verändern wollen, aber dann unbewusst die eigenen Anstrengungen sabotieren und doch lieber so weitermachen wie bisher.

Diese Überlegungen sind noch etwas theoretisch. Überlegen Sie einmal ganz konkret, was Sie einmal ausprobieren wollen. Schauen Sie sich die oben notierten Alternativen an und überlegen Sie, welche davon wie umsetzbar wäre.

Folgende Alternative(n) würde ich gerne ausprobieren:

Wann und wie genau?

Was würde sich dadurch ändern?

Wie wäre es für Sie, wenn Ihr Partner eine andere Rolle ausprobieren würde?

Was hindert Sie beide daran, aus Ihren Rollen auszubrechen?

Könnten Sie sich eine Situation vorstellen, in der Sie ganz bewusst einmal die Rollen tauschten? Einfach so, um es mal auszuprobieren? (Beispiel: Der „passive" Partner bestimmt die Gestaltung eines Wochenendes, und der sonst aktive oder „bestimmende" Partner hält sich zurück und macht alles mit.) Schreiben Sie Ihre Ideen auf, um sie später zu vergleichen.

Wenn Sie noch einmal über die Rollen, die Sie oben identifiziert haben, nachdenken: Was sagt das über Ihr Selbstverständnis aus?

Wie wollen Sie von außen gesehen werden? Und deckt sich das mit dem, wie Sie wirklich sind?

Welche Vision haben Sie für sich als Paar? Ist Ihre Idealvorstellung eine harmonische Zweisamkeit, in der alles geteilt wird? Oder glauben Sie, dass zwei Menschen gemeinsam leben und doch eigene Interessen verfolgen können? Wünschen Sie sich Kinder, einen Trauschein oder sehnen Sie sich eher nach Leidenschaft und Abenteuer?

Was würde es für Sie bedeuten, wenn Sie Ihre Vision entweder teilweise oder gar nicht verwirklichen können? Käme das für Sie überhaupt in Frage?

Was glauben Sie, wie sieht die Vision Ihres Partners aus? Welche Wünsche stecken dahinter?

Was müsste geschehen, damit Sie beide ihr jeweiliges Selbstverständnis und die Paarvision verwirklichen können?

Das Gespräch zum Thema „Selbstverständnis, Rollen und Visionen“

Lesen Sie nun einander Ihre Antworten vor. Entsprechen Ihre Beschreibungen der Rollen denen Ihres Partners? Welche Abweichungen gibt es? Vielleicht entsteht bereits ein Gespräch, bei dem Sie vieles aus unterschiedlichen Blickwinkeln betrachten können. Überlegen Sie gemeinsam: Wie kam es dazu, dass die Rollen so verteilt sind? Was würde passieren, wenn die Rollen anders oder sogar vertauscht wären? Welche Auswirkungen hätte das auf den Alltag, die Logistik (also zum Beispiel Dinge wie Haushalt, wer die Kinder abholt etc.), die Beziehung selbst?

Besprechen Sie die vorgeschlagenen Alternativen und nehmen Sie sich vor, mindestens eine Alternative pro Partner auszuprobieren. Bemühen Sie sich auf jeden Fall auch, positive Ansätze während des Gesprächs zu bemerken, z.B. Momente, in denen Verständnis spürbar war, etwas klar wurde oder sich neue Möglichkeiten abzeichneten. Benennen Sie diese Momente!

Sehr wichtig ist auch die Arbeit an den Visionen. Wenn Partner unterschiedliche Vorstellungen und Hoffnungen haben, wenn zum Beispiel einer Kinder will und der andere nicht, kann dies zu so großer Unzufriedenheit oder Frustration führen, dass es die Beziehung ernsthaft belastet. Es sollte in dem Treffen nicht darum gehen, sich für die eine oder die andere Vision zu entscheiden, sondern nur darum, die Vision des Partners tatsächlich zu verstehen: Was genau erträumt sich der andere? Warum? Welche Wünsche und Lebenskonzepte stecken dahinter? Was ist wirklich wichtig? Vergessen Sie nicht, dass Sie im Moment nur verstehen wollen und noch nichts entscheiden oder lösen müssen.

Die Suche nach einer Lösung kann warten, bis Sie alle Gesprächsthemen durchgearbeitet haben.

Gesprächsthema 2: Verletzte Gefühle

Daniela und Marco leben seit acht Jahren zusammen. Die Kinder sind sechs und vier Jahre alt. Seit einem Jahr arbeitet Daniela wieder, aber nur halbtags. Wenn sie den ganzen Tag arbeiten würde, müssten die Kinder bis 18 Uhr betreut werden, das erscheint ihr zu lang. Sicher, dann könnten sie sich mehr leisten, aber es geht ja auch so. Aber insgeheim wünscht sie sich doch, wieder richtig zu arbeiten. Sie merkt, dass die Halbtagskräfte nicht richtig voll genommen werden auf der Arbeit, und abends, wenn sie die Kinder versorgt, das Essen gekocht und den Haushalt gemacht hat, fühlt sie sich so geschafft, als hätte sie einen 12-Stunden-Tag hinter sich.

Marco dagegen kommt gegen 18 Uhr frisch von der Arbeit und geht ganz darin auf, von 19 bis 20:30 für die Kinder da zu sein. Die Kinder lieben diese Zeit mit ihm, und überhaupt geht ihnen der Papa über alles. Das macht Daniela wütend. Er hat sich die einfachste Zeit des Tages ausgesucht und glaubt allen Ernstes, er stecke so viel Energie in die Kinder wie sie! Sieht er nicht, wie ausgelaugt sie ist? Marco hingegen sieht hilflos zu, wie Daniela sich immer mehr von ihm entfernt. Er strengt sich doch an, so gut es geht! Aber nichts, was er tut, wird anerkannt.

In vielen Beziehungen sammeln sich mit der Zeit Vorwürfe an, die man sich gegenseitig macht. Manche Vorhaltungen werden immer wieder erhoben, andere bleiben ungesagt, schwingen aber doch immer leise mit und können so die Beziehung vergiften. In diesem Kapitel geht es daher darum, einige dieser Vorwürfe festzuhalten, um zu verstehen, was eigentlich dahintersteckt, und um die Verletzungen schließlich zu heilen.

Am besten, Sie wählen zwei oder höchstens drei Vorwürfe aus, die oft wiederkehren, und formulieren auch gleich ein Beispiel dazu. Lassen Sie die dritte Spalte im Moment noch frei. In der ersten Zeile habe ich ein Beispiel aufgeführt.

Vorwürfe	Beispiele	Interpretation
Unzuverlässigkeit	Letzten Donnerstag wollten wir ins Theater. Aber er hat die Verabredung total vergessen und kam erst um 20 Uhr aus dem Büro.	
...		

Wenn es bei Ihnen so ist wie bei den meisten Paaren, geht es bei Vorwürfen gar nicht so sehr um die konkreten Verhaltensweisen, die man einander vorwirft, sondern vielmehr darum, wie man dieses Verhalten interpretiert. So könnte hinter dem Vorwurf der Unzuverlässigkeit die Vermutung stecken, dass die Partnerin kein wirkliches Interesse mehr an mir hat: „Wenn ich ihr wichtig wäre, würde sie für mich da sein und bräuchte keine Erinnerungen." Solche Interpretationen setzen sich mit der Zeit fest und werden zu Messlatten, die man mit dem Verhalten der Partnerin abgleicht. Jedes Mal, wenn die Partnerin wieder etwas vergisst, wird diese Interpretation bestätigt: „Da sieht man es wieder, man kann sich einfach nicht auf dich verlassen!" Selbst wenn ein Vorgang besprochen und abgearbeitet wird, sich die Partnerin für die Verspätung oder das Versäumnis entschuldigt hat und man sich gegenseitig vergibt, nagt der Vorwurf weiter, eben weil die unterliegende Interpretation „Du interessierst dich nicht mehr für mich“ nicht entkräftet wurde. Daher ist es wichtig, sich einmal klarzumachen, welche Schlussfolgerungen man aus dem Verhalten des anderen zieht.

Welche Annahme steckt hinter Ihren Vorwürfen, wie interpretieren Sie das Verhalten Ihrer Partnerin, was sagt deren Verhalten über die Gefühle Ihnen gegenüber aus? Schreiben Sie diese Vermutungen in die dritte Spalte.

Was glauben Sie: Wie wird Ihre Partnerin diese Tabelle ausfüllen? Was kritisiert sie an Ihnen, was wirft sie Ihnen vor?

Vorwürfe	**Beispiele**	**Interpretation**
Fehlendes Verständnis für meine Arbeit	Letzten Donnerstag hatte ich einen Superstresstag im Büro. Ich habe mich entschuldigt, dass ich das Theater vergessen habe, aber sie wollte gar nicht wissen, was eigentlich los war.	Es ist ihr egal, wie es mir wirklich geht. Ich soll nur funktionieren.
…		

Machen Sie sich nun Gedanken darüber, wie Sie Ihren Unmut zeigen.

Wenn ich verletzt bin, ______________________________

Glauben Sie, dass Ihre Partnerin diese Zeichen Ihrer Verletztheit bemerkt?

Welche Reaktion erhalten Sie?

Welche Reaktionen würden Sie sich wünschen?

Bemerken Sie an Ihrer Partnerin Anzeichen von Verletztheit oder Betroffenheit? Wie äußern sich diese?

Wie reagieren Sie?

Was glauben Sie, welche Reaktion würde Ihre Partnerin sich wünschen?

Sind in Ihrer Beziehung beide Seiten gleichermaßen verletzt? Oder eine Person mehr als die andere? Verteilen Sie 100% Verletztheit auf beide:

Ich: ______% Partnerin: ______%

Wer sich verletzt fühlt, empfindet auch Wut. Das ist ganz natürlich. Glauben Sie, dass Wut in Ihrer Beziehung eine Rolle spielt? Ist die Wut gleichmäßig verteilt? Wer empfindet mehr Wut?

Meine Wut: ______% Wut meiner Partnerin: ______%

Ist es möglich, verletzt zu sein, ohne Wut zu empfinden? Eigentlich müssten die beiden letzten Antworten mehr oder weniger identisch sein. Ansonsten ist zu vermuten, dass in Ihrer Beziehung Wut unterdrückt wird, die unterschwellig glüht. Halten Sie das für möglich?

Es ist für manche Menschen schwer einzugestehen, wenn sie verletzt sind. Dies bedeutet in ihren Augen vielleicht, Schwäche und Bedürftigkeit zuzugeben. Was glauben Sie, wem von Ihnen beiden fällt es leichter, Verletzungen zuzugeben?

Sicherlich haben Sie sich in der Vergangenheit einmal für etwas entschuldigt. Nennen Sie ein Beispiel. Glauben Sie, dass Ihre Partnerin diese Entschuldigung angenommen hat?

Hat Ihre Partnerin sich schon einmal für etwas entschuldigt? Nennen Sie ein Beispiel und überlegen Sie auch, ob Sie die Entschuldigung annehmen konnten. Wenn nicht, woran liegt das? Was fehlt Ihnen?

Manchmal möchte man – über eine Entschuldigung hinaus – eine Art Wiedergutmachung. Könnten Sie sich eine Wiedergutmachung vorstellen, die Ihre Verletzungen „wieder gut" machen würde?

Sie selbst haben sicher auch Fehler gemacht. Für welche Versäumnisse oder Fehlhandlungen übernehmen Sie die Verantwortung? Können Sie sich bei der anderen Person entschuldigen?

Zu welcher Art der Wiedergutmachung wären Sie bereit?

Viele Verletzungen brauchen Zeit, um zu heilen. Das Vertrauen wiederzugewinnen, ist nicht immer leicht. Wenn einer der beiden Partner sich weigert, eine Entschuldigung anzunehmen und zu verzeihen, ist das zwar sein gutes Recht, aber mit Aussöhnung und dem Bemühen um eine gute Beziehung nicht vereinbar.

Falls es Ihnen im Moment nicht möglich ist zu verzeihen, können Sie dann Ihrer Partnerin sagen, was noch geschehen muss, damit Sie verzeihen können? Wie würden diese Hinweise lauten?

Wenn Sie die Person sind, der nicht verziehen wird, dann schreiben Sie einmal auf, wie es Ihnen damit geht, das Vertrauen Ihrer Partnerin augenscheinlich nicht zurückgewinnen zu können.

Wenn ein Zauberer Sie beide von Wut und Verletztheit befreien würde, was würde sich dann in der Beziehung ändern?

Das Gespräch zum Thema „Verletzte Gefühle"

Ein Gespräch, bei dem es um Vorwürfe geht, kann besonders schwierig sein. Denn die Vorwürfe sind sicherlich schon öfter erhoben worden, und eine wirkliche Einigung und Heilung gab es ja offensichtlich nicht. So haben sich vermutlich auf beiden Seiten viel Frustration, Bitterkeit und auch Wut aufgestaut. Wenn Sie im gemeinsamen Gespräch Ihre Antworten besprechen, ist es daher wichtig, dass Sie eine andere Haltung einnehmen als sonst üblich.

Ziel des Gesprächs darf nicht sein, die Partnerin davon zu überzeugen, wie falsch es ist, was sie getan hat! Sie sollten vielmehr versuchen, gemeinsam zu überlegen, welche Interpretationen hinter den Vorwürfen stecken.

Das heißt nicht, dass die einzelnen Vorwürfe irrelevant sind. Aber es ist so, dass wir Menschen auf Vorwürfe automatisch defensiv reagieren – und das wiederum bedeutet, dass man im Bemühen, sich zu verteidigen, in die Gegenoffensive geht und nun seinerseits austeilt. Lesen Sie sich noch einmal die Tipps der kleinen Kommunikationsschule durch! Ein Vorwurf wie „Du lässt mich total alleine mit den Kindern. Wer bringt sie in die Schule, macht das Essen, holt sie ab, geht zum Elternabend?" beinhaltet eine klare Schuldzuweisung: „Du lässt mich allein und kümmerst dich nicht genug." Der Partner hat wahrscheinlich irgendwo tatsächlich Schuldgefühle, sieht aber die Situation anders und fühlt sich missverstanden. Die spontane Reaktion ist daher eine defensive, nämlich die Schuld zu verneinen und eine Gegenoffensive zu starten: „Wieso, wenn ich nicht so hart arbeiten würde, könnten wir uns doch die teure Privatschule gar nicht leisten. Meinst du, es ist toll, 60 Stunden die Woche zu arbeiten und dann nach Hause zu kommen und mit Vorwürfen überschüttet zu werden?“

Wenn sich dagegen beide Partner in diesem Beispiel bemühen würden, in Ich-Sätzen zu reden, könnte das so aussehen:

„Ich fühle mich alleingelassen und bedrängt von der Last, mich ganz alleine um die Kinder kümmern zu müssen.“

„Mir sind die Kinder auch wichtig, aber ich weiß nicht, wo ich nach der langen Arbeit noch die Energie hernehmen soll, mit ihnen zu spielen.“

Da Du-Anschuldigungen fehlen, muss sich hier auch niemand verteidigen, sondern jeder kann die eigene Position klarmachen. Wenn sich beide Partner verstanden fühlen, kann man sich dann auch die konkrete Situation ansehen und gemeinsam überlegen, ob es eine Lösung gibt, die beiden Parteien das Gefühl gibt, damit gut zurechtzukommen.

Was aber, wenn die Vorwürfe sich nicht auf alltägliche Dinge beziehen, sondern es tatsächlich ein Vorkommnis gab, das einen Riss in die Beziehung gebracht hat? Dies könnte der Fall sein, wenn ein Partner fremdgegangen ist, in einer bedrohlichen Situation nicht geholfen hat oder das gemeinsame Geld verspielt hat. Wie schon in der Einleitung vorweggeschickt, müssen etwaige Suchtproblematiken zuerst angegangen werden. Es ist für Paare kaum zu schaffen, die Beziehung zu kitten, solange ein Partner eigene psychische Probleme oder Suchtprobleme nicht in den Griff kriegt. Dann braucht das Paar professionelle Hilfe.

Genauso aussichtslos wäre es, sich mit jemandem aussöhnen zu wollen, der einem Böses will. Sollte dies tatsächlich der Fall sein, dann wäre die wesentliche Bedingung des grundsätzlichen Wohlwollens, die ich für dieses Buch voraussetze, nicht mehr gegeben.

Gehen wir also davon aus, dass das Vergehen weder der Unzurechnungsfähigkeit noch dem bösen Willen eines Partners zuzuschreiben ist, und nehmen wir als Beispiel ein Paar, bei dem Person A über mehrere Monate eine Affäre hatte. Person B schafft es tatsächlich, den Vorwurf nicht als Beschuldigung zu formulieren („Du hast mich schamlos hintergangen – das werde ich dir nie verzeihen!“), sondern drückt ihre Gefühle aus: „Das war für mich ein riesiger Schock. Es war so ein Gefühl von Verrat, Demütigung, Enttäuschung, Unglauben – es stürzte alles über mir zusammen. Ich hatte dir vertraut, und ich weiß nicht, ob so ein Vertrauen je wieder möglich sein wird zwischen uns.“ Was kann der Partner darauf sagen? „Es tut mir so leid, dass ich dich verletzt habe“, ist sicherlich besser als: „Ach, jetzt tu mal nicht so, als könnte dir so was nie passieren.“ Aber es trifft das eigentliche Gefühl nicht. Die Person, die sich betrogen fühlt, möchte, dass eben dieses Gefühl der Demütigung und des Verrats auch ankommt. Vielleicht möchte sie etwas hören wie: „Ich begreife langsam, was für ein Vertrauensbruch das für dich war. Du wolltest auf mich bauen können, immer, und dann habe ich dich betrogen. Ich kann verstehen, dass du dich fragst, ob wir uns je wieder so vertrauen können wie früher. Ich habe dich wirklich verletzt, und das tut mir sehr leid!“

Es handelt sich hier nicht so sehr um eine Entschuldigung, sondern eher um die Mitteilung, dass man das Ausmaß der Verletzung erkannt hat und ebenso hilflos ist wie der Partner. Wenn diese oder eine ähnliche Aussage ehrlich gemeint ist und auch beim Partner ankommt, dann – erst dann! – kann Partner B vielleicht offen sein für das, was Person A, die betrogen hat, noch mitteilen möchte:

„Aber ich möchte auch, dass du verstehst, wie ich mich damals gefühlt habe, wie … (einsam, alleingelassen, wütend …) ich war. Das soll nichts entschuldigen, aber ich glaube, dass es damals nur passieren konnte, weil wir nicht offen zueinander waren. Dafür sitze ich jetzt hier, damit es nicht noch einmal so weit kommt."

Somit wären wir wieder bei den verletzten Gefühlen angekommen, die dem Vorwurf unterliegen. Ich wünsche Ihnen, dass es Ihnen während des Gesprächs gelingt, sich von den konkreten Vorwürfen zu lösen und zu den Gefühlen zu gelangen.

Und wenn es Ihnen dann auch noch möglich ist, sich der Interpretationen hinter den Vorwürfen bewusst zu werden und diese gemeinsam zu besprechen, dann ist ein großer Schritt in Richtung Heilung getan. Also: Was ist dran an dem Gefühl, dass die andere Person kein Interesse mehr hat, dass sie sich langweilt oder nur genervt ist? Und was sagen Sie zu den Interpretationen Ihres Partners? Können Sie verstehen, wie diese Vermutungen entstanden sind?

Man kann sogar noch eine Ebene tiefer gehen. Denn verletzte Gefühle basieren meist auf Bedürfnissen, die wir haben und die nicht erfüllt werden. Daher geht es im nächsten Kapitel auch um Wünsche und Bedürfnisse.

Gesprächsthema 3: Bedürfnisse und Wünsche

Susanne ist unglücklich: Gestern hatten ihr Mann Thomas und sie endlich mal wieder etwas gemeinsam unternommen: Sie waren ins Kino und anschließend in die Kneipe um die Ecke gegangen. Susanne hatte sich auf den gemeinsamen Abend gefreut – aufgrund der vielen Überstunden, die Thomas machen musste, war kaum noch Zeit füreinander und sie besprachen dann spät am Abend nur noch das Nötigste. Früher, als sie sich kennengelernt hatten, war das ganz anders gewesen: Nächtelang hatten sie über alles Mögliche diskutiert! Doch jetzt, auch nach diesem spannenden Thriller, war aus Thomas nicht viel mehr herauszubekommen als: „Na ja, ich hab schon bessere Filme gesehen!" Und auch bei dem gemeinsamen Glas Wein war er schweigsam und abwesend. Die Distanz zwischen ihnen war schmerzlich spürbar. Susanne hatte das Gefühl, dass Thomas nur noch der Beruf wichtig ist. „Bedeutet ihm unsere Beziehung gar nichts mehr?", fragte sie sich traurig.

Menschen haben ähnliche, aber dann auch wieder sehr unterschiedliche Bedürfnisse: Während Susanne sich Nähe und intensive Gespräche wünscht, braucht Thomas viel Raum für sich selbst und will am liebsten seine Ruhe haben.

Wie ist es bei Ihnen? Überlegen Sie doch einmal, welche der folgenden Bedürfnisse auf Sie zutreffen.

Abenteuer
Anerkennung
Beachtung meiner Grenzen
Beständigkeit
Bewunderung
Familienzusammenhalt
Freundschaft
Gefühl, gebraucht zu werden
Gefühl, Kontrolle zu haben
geistige Anregung
Gemeinsamkeit
Harmonie
Herausforderungen
Sicherheit
Spaß
Spiritualität
Trubel
Unterstützung
Verständnis
Humor
intensive Gespräche
Leidenschaft
Liebe
Macht
Nachsicht
Nähe
Nervenkitzel
Ordnung
praktische Hilfe
Respekt
Ruhe
Sex
Vertrauen
Zärtlichkeit
Zeit/Raum für mich
…
…
…

Wählen Sie nun die wichtigsten Bedürfnisse aus der Liste aus und schreiben Sie diese in der Reihenfolge ihrer Wichtigkeit in die erste Spalte der folgenden Tabelle:

Meine Bedürfnisse	%	Ideen
…		

In die zweite Spalte schreiben Sie, wie sehr das jeweilige Bedürfnis zurzeit erfüllt wird. 100% bedeutet, Ihr Bedürfnis wird restlos befriedigt, 50% bedeutet, die Hälfte der Zeit wird es erfüllt, und 0% heißt, Sie haben niemals Gelegenheit, Ihr Bedürfnis zu erfüllen.

In die dritte Spalte „Ideen" tragen Sie Dinge ein, die Ihnen helfen würden, Ihr Bedürfnis besser zu befriedigen. Eine Zeile könnte zum Beispiel so aussehen:

Zärtlichkeit	30%	Gemeinsame Zeit vor dem Einschlafen einplanen

Wie leicht fällt es Ihnen, Ihre Bedürfnisse auch auszudrücken? Glauben Sie, dass Ihr Partner Ihre oben identifizierten Bedürfnisse kennt?

Schreiben Sie nun einmal auf, welche Bedürfnisse Sie bei Ihrem Partner vermuten. Füllen Sie auch die zweite und dritte Spalte aus.

Bedürfnisse meines Partners	**%**	**Ideen**
…		

In welchen Bereichen harmonisieren Sie als Paar (genießen Sie zum Beispiel beide aktive Urlaube, oder lachen Sie gerne gemeinsam)?

In welchen Bereichen gibt es einen Konflikt? Hat vielleicht die eine Person es gerne sauber, während die andere eher alles stehen und liegen lässt? Identifizieren Sie hier einen Konfliktbereich, über den Sie später gerne reden möchten. Schreiben Sie auf, warum Ihnen das Thema wichtig ist – welches Bedürfnis steckt dahinter (z. B.: „Ich brauche Ordnung um mich herum, damit ich mich wohl fühlen kann.").

Offenbar hat Ihr Partner hier ein anderes Bedürfnis. Welches Bedürfnis vermuten Sie?

Wie könnte ein Kompromiss aussehen?

Im gemeinsamen Gespräch werden Sie feststellen, ob Ihr Partner Ihre Bedürfnisse kennt. Überlegen Sie aber jetzt schon, was Sie tun können, um in Zukunft Ihren Bedürfnissen besser Geltung verschaffen zu können.

Was glauben Sie, welches Konfliktthema wird Ihr Partner benennen?

Welches Bedürfnis vermuten Sie bei ihm?

Nehmen wir als weiteres Beispiel das Bedürfnis nach Grenzen. Hier gibt es oft große Unterschiede. Manche Menschen bauen eine Mauer um sich herum und lassen niemanden an sich heran, andere kehren praktisch ihr Innerstes nach außen. Doch nicht nur die Grenze selbst ist unterschiedlich, auch die Fähigkeit, die eigene Grenze zu verteidigen. So gibt es Menschen, die klar „Nein, das möchte ich nicht" sagen können, andere gewähren zwar jede Bitte, ärgern sich aber heimlich und fühlen sich schnell ausgenutzt.

Markieren Sie auf der folgenden Linie, ob Sie sich eher auf der Seite der festen Grenze (Sie können leicht Nein sagen und sich Ihre Freiräume nehmen) oder die Seite der offenen Grenze (Sie geben oft nach) setzen würden. Und wo wäre die andere Person anzusiedeln?

offene Grenze ______________________________ feste Grenze

Es gibt hier kein Richtig oder Falsch, aber es lohnt, sich solcher Dinge bewusst zu werden, um gegebenenfalls den anderen besser zu verstehen oder auch Rücksicht nehmen zu können.

Ein weiteres Bedürfnis, das in einer Partnerschaft harmonisieren sollte, ist das Bedürfnis nach Autonomie.

Tragen Sie in der folgenden Skala ein, ob Sie eher jemand sind, der viel Verbundenheit braucht, oder ob Sie sich eher nach Autonomie (sprich: Unabhängigkeit) sehnen.

Verbundenheit ______________________________ Autonomie

Markieren Sie auch die Position, die Ihr Partner Ihrer Einschätzung nach wählen würde.

Sind Sie mit dieser Einschätzung zufrieden, oder wären Sie gerne unabhängiger? Falls Sie gerne etwas ändern würden, was könnten Sie tun?

Gibt es ein weiteres Grundbedürfnis, das Sie einmal in diesem Sinne untersuchen wollen? Dann setzen Sie links und rechts der nächsten Linie die entgegengesetzten Bedürfnisse und markieren Sie, wo beide Partner anzusiedeln wären.

... ______________________________ ...

Es ist nicht unbedingt negativ, wenn Partner gegensätzliche Bedürfnisse haben. Manche Paare können sich da prima ergänzen. Oder gibt es bei Ihnen häufig Konflikte, die aus der Gegensätzlichkeit entstehen? Wenn ja, glauben Sie, dass Sie vielleicht besser miteinander auskommen könnten, wenn Sie mehr Verständnis für die Bedürfnisse des jeweils anderen hätten?

Ein weiteres allgemeines Bedürfnis ist das nach Anerkennung. Doch während die eine Person Anerkennung im Job findet, sucht die andere ihn vielleicht in den Kindern oder auch in körperlicher Fitness.

Tragen Sie in der ersten Spalte der folgenden Tabelle Bereiche ein, in denen Sie Anerkennung brauchen. Einige Bereiche sind bereits aufgeführt. Ergänzen Sie die Liste so, dass es für Sie stimmig ist. Brauchen Sie Anerkennung für Ihre Hilfsbereitschaft, für Erfolge, sportliches Können, Fitness, Zuverlässigkeit, Stärke, Überlegenheit, Intelligenz, Kochkünste, Haushaltsführung, Kindererziehung, Einsatzbereitschaft, Persönlichkeit, Wärme, Menschlichkeit, Unterstützung des Partners?

Anerkennung für …	Wie wichtig? x – xxxxx	Mein Partner gibt mir … %	Andere(z. B. meine Kinder, Freunde) geben … %
mein Aussehen			
mein berufliches Können			
…			

Machen Sie dann in der zweiten Spalte ein bis fünf Kreuze, je nachdem, wie wichtig Ihnen die Anerkennung im jeweiligen Bereich ist. (Und sechs Kreuze für eine Bedürftigkeit, die über das normale Maß hinausgeht. Das trifft zum Beispiel zu, wenn Sie geradezu leben für das Lob von anderen und alles tun, nur um anderen zu gefallen oder zu imponieren.)

Eigentlich kann man nie genug Anerkennung bekommen. Man kann Anerkennung auch nicht ausschließlich von einer Person bekommen. Schätzen Sie deshalb in der dritten und vierten Spalte ein, wie viel Anerkennung Sie im jeweiligen Bereich bekommen und auch woher die Anerkennung kommt. Falls Ihnen Ihr Partner das Gefühl gibt, wirklich attraktiv zu sein und Ihnen dies genügt, Sie sich aber dennoch an einem gelegentlichen Kompliment im Büro freuen, dann füllen Sie 80% für die Anerkennung durch Ihren Partner und 20% für die Anerkennung durch andere ein.

In welchen Bereichen würden Sie sich über mehr Anerkennung von Ihrem Partner freuen? Glauben Sie, dass Ihr Partner weiß, dass Sie Anerkennung in diesem Bereich brauchen?

Unsere Bedürfnisse sind Ausdruck davon, was wir brauchen, um uns vollwertig, zentriert und glücklich zu fühlen. Darüber hinaus gibt es aber auch Lebensziele, die man, mehr oder weniger bewusst, verfolgt.

Welche der folgenden Ziele treffen auf Sie zu, wie möchten Sie, wenn die Bedingungen es erlauben, leben? Was möchten Sie tun?

- Anderen helfen oder der Welt etwas Gutes tun,
- etwas Bleibendes hinterlassen, kreativ sein,
- ein sinnvolles Leben führen (was bedeutet Sinn für Sie?),
- viel Spaß haben,
- materielle Werte erlangen,
- eine gute Partnerschaft führen,
- enge Familienbande pflegen,

- erfüllte Beziehungen mit anderen Menschen haben, Freundschaften pflegen,
- gesellschaftliche Anerkennung bekommen,
- Erfolg im Beruf haben,
- von vielen Menschen gemocht, geachtet oder bewundert werden,
- ein Vorbild für andere sein,
- meine Kinder zu guten und glücklichen Menschen erziehen,
- meinen Idealen treu bleiben,
- etwas verändern,
- Höchstleistungen erreichen,
- Teil einer Gemeinschaft sein,
- aus der Gesellschaft als etwas Besonderes hervorragen,
- andere Menschen motivieren oder mitreißen (für bestimmte Ziele – wenn ja, welche?),
- mich für etwas einsetzen (für was?),
- gesund sein und bleiben,
- sportlich fit sein,
- ...

Schreiben Sie in die erste Spalte der nachfolgenden Tabelle Ihre wichtigsten Ziele auf:

Lebensziele	**Verwirklichung in %**	**Ideen**	**Wünsche**
...			

Wie nah sind Sie an Ihrem Lebensziel? Schätzen Sie in der zweiten Spalte ein, wie viel Sie davon schon verwirklicht haben. Die dritte Spalte ist für Ideen, die Sie haben, um Ihrem Ziel näher zu kommen. Aber bedenken Sie bitte: Sie sind für Ihre Ziele selbst verantwortlich! Schreiben Sie auf, was Sie selbst tun können! Aber natürlich wäre es schön, wenn Ihr Partner bzw. Ihre Partnerin Ihre Lebensziele respektiert oder zumindest wohlwollend begleitet. Welche Art der Unterstützung würden Sie sich wünschen? Dies können Sie in der vierten Spalte unter „Wünsche" notieren.

Mutmaßen Sie: Wie füllt die andere Person diese Tabelle aus?

Lebensziele	Verwirklichung in %	Ideen	Wünsche
...			

Zum Schluss benennen Sie bitte ein Projekt oder Ziel, das Sie gerne mit Ihrem Partner gemeinsam ansteuern wollen.

Das Gespräch zum Thema „Bedürfnisse und Wünsche"

Erläutern Sie sich gegenseitig Ihre Bedürfnisse. Vergleichen Sie dann, wie Ihr Partner Sie eingeschätzt hat bzw. wie Sie Ihren Partner eingeschätzt haben. Welche Abweichungen gibt es? Was war eine Überraschung? Wie verändert dieses neue Wissen Ihre Einstellung zu Ihrer Beziehung?

Vergleichen Sie auch die Lebensziele. Es gibt keine richtigen oder falschen Antworten, jeder muss den Sinn des eigenen Lebens selbst finden und für sich entscheiden, was wichtig ist. Wie viel Abweichung gibt es? Haben Sie ähnliche Ziele? Oder nicht? Was bedeutet das für Sie? Man kann durchaus unterschiedliche Lebenskonzepte haben und dennoch glücklich miteinander sein. Wenn der eine Partner Erfüllung im Beruf sucht und der andere eine starke Familie möchte, dann kann man dies mit Respekt füreinander durchaus vereinen. Wenn allerdings jemand vor allem Ruhe und Einssein mit der Natur sucht und der andere Trubel und Abenteuer braucht, wird es schwierig werden, diese Ziele in einer Partnerschaft zu vereinen. Reden Sie darüber, welche Wege es geben könnte, sich gegenseitig dabei zu unterstützen, die eigenen Ideale zu verwirklichen.

Fast noch wichtiger ist aber, dass Sie Ihrem Partner überhaupt eine Chance geben, Ihre Bedürfnisse zu kennen. Denn wie soll man den anderen unterstützen, wenn man gar nicht weiß, was er eigentlich will. Falls Sie also hier zum ersten Mal von bestimmten Bedürfnissen Ihres Partners erfahren, fragen Sie einmal danach, wie es kommen konnte, dass Sie diese nicht kennen. Und was können Sie selbst in Zukunft tun, um Ihre Wünsche und Hoffnungen deutlich zu machen?

Diskutieren Sie auch darüber, ob es in Ihrer Beziehung ein Gleichgewicht von Abhängigkeit und Autonomie gibt. Es gibt keine Patentformel, da jedes Paar anders ist. Allerdings ist es relativ einleuchtend, dass zwei unabhängige Menschen oder auch zwei paarorientierte Menschen bessere Chancen für ein harmonisches Miteinander haben als zwei Personen, die an entgegengesetzten Enden der Skala stehen. Wo jemand mit sich selbst genug hat, wird ein von ihm abhängiger Mensch nur als Last gesehen und nicht als

Ergänzung. Dann muss man sich ernsthaft fragen, ob eine Beziehung überhaupt Sinn macht. Überlegen Sie gemeinsam, ob Ihre Bedürfnisse nach Autonomie und Abhängigkeit im Gleichgewicht sind und was Sie tun können, um die Situation zu verbessern.

Bemühen Sie sich aber auch, am Ende ein Projekt oder Ziel zu identifizieren, das Sie gemeinsam angehen können. Wenn Sie einen Weg gemeinsam gehen wollen, dann brauchen Sie auch ein gemeinsames Ziel. Dies kann ein allgemeines Ziel sein: „Ich möchte meinen Lebensabend mit dir verbringen und gemeinsam reisen", oder es kann ein konkretes Projekt sein: „Wir wollen unsere Firma gemeinsam voranbringen." Besprechen Sie diese Projekte und gemeinsamen Werte. Was bedeutet es, wenn Sie keine gemeinsamen Ziele identifizieren können? Können Sie sich dennoch einen gemeinsamen Weg vorstellen?

Gesprächsthema 4: Intimität

Endlich fasst Claudia all ihren Mut zusammen und fragt Bastian: „Begehrst du mich eigentlich nicht mehr?" Bastian ist erstaunt. Natürlich war ihm auch aufgefallen, dass sie kaum noch miteinander schlafen. Aber er dachte, Claudia sei es nur recht. Im gemeinsamen Gespräch merken beide, wie gut es tut, wieder einmal miteinander zu reden. Im Nachhinein wissen sie auch gar nicht mehr, was zuerst kam: dass die Gespräche immer weniger wurden, die Berührungen, oder dass der Sex versiegte. Zugegeben, sehr aufregend war es nicht mehr in letzter Zeit. Aber vielleicht lag es ja daran, dass sie beide dachten, der jeweils andere habe eigentlich gar keinen Spaß mehr am Sex.

Eine gesunde Beziehung findet ihre Erfüllung in Intimität. Dazu zählen intensive Gespräche genauso wie Zärtlichkeit und Sex, also all die Momente, in denen sich die Partner nah und vertraut fühlen. So ist es kein Wunder, dass Partner, die sich voneinander entfernt haben, keine Intimität mehr spüren und auch körperlich auf Distanz gehen. Natürlich ist es schwer, sich jemandem hinzugeben, wenn man eigentlich kein richtiges Vertrauen mehr hat. Andererseits kann aber körperliche Nähe auch wieder zu emotionaler Nähe führen. Gespräche über dieses Thema sind ein erster Schritt, die Intimität wiederherzustellen.

Wie wichtig ist Ihnen nichtsexuelle Intimität auf einer Skala von 0 (gar nicht) bis 10 (extrem)? Kreuzen Sie an:

0___1___2___3___4___5___6___7___8___9___10
gar nicht wichtig sehr wichtig

Was glauben Sie, wie wichtig ist Ihrem Partner oder Ihrer Partnerin nichtsexuelle Intimität?

0____1____2____3____4____5____6____7____8____9____10

gar nicht wichtig — sehr wichtig

Wie wichtig ist Ihnen Sex auf einer Skala von 0 (gar nicht) bis 10 (extrem)? Kreuzen Sie an:

0____1____2____3____4____5____6____7____8____9____10

gar nicht wichtig — sehr wichtig

Was glauben Sie, wie wichtig ist Ihrem Partner oder Ihrer Partnerin Sex?

0____1____2____3____4____5____6____7____8____9____10

gar nicht wichtig — sehr wichtig

Wie drücken Sie Liebe aus? Überlegen Sie einmal, ob Sie Liebe eher in Worten ausdrücken, in Form von praktischer Hilfe, von Geschenken, Zärtlichkeit, durch Interesse und Respekt oder ob Sie einfach davon ausgehen, dass Ihre Partnerin schon weiß, dass Sie sie lieben.

Wodurch merken Sie, dass die andere Person Sie liebt?

Glauben Sie, dass Sie die Liebesbeweise des anderen bemerken und richtig deuten?

Was lösen die Worte „Ich liebe dich" in Ihnen aus?

Glauben Sie, dass Sie Ihre Partnerin glücklich machen (natürlich nicht immer, aber doch regelmäßig)?

Sind für Sie Intimität und Sex das Gleiche? Welches Verhältnis zwischen nichtsexueller Intimität (also intensiver Gefühlsaustausch im Gespräch, der Austausch von Zärtlichkeit und Ähnliches) und Sex wäre für Sie ideal? (Beispiel: Wenn für Sie zärtliches Kuscheln vor dem Fernseher genauso wichtig ist wie Sex, wäre das Verhältnis vielleicht 50:50, wenn Sie hingegen auf Sex am liebsten ganz verzichten würden, wäre es 100:0, wenn aber Sex zum Wichtigsten in Ihrem Leben zählt, notieren Sie 0:100).

_____ : _____

Welches Verhältnis wird Ihre Partnerin Ihrer Meinung nach angeben?

_____ : _____

In einem Film von Woody Allen fragt der Therapeut den Mann, wie oft das Paar miteinander schläft. Er sagt sinngemäß: „Fast nie. Ungefähr einmal pro Woche.“ In der nächsten Szene wird seine Frau von ihrer Therapeutin dasselbe gefragt. Sie antwortet: „Andauernd. Ungefähr einmal pro Woche.“ Es kommt nicht so sehr darauf an, wie oft man miteinander schläft, sondern inwieweit sich Wünsche und Realität treffen, und vor allem, wie die Qualität der Berührungen empfunden wird.

Beantworten Sie die nächsten Fragen, ohne sich mit Ihrer Partnerin abzusprechen, um sich dann hinterher in einem gemeinsamen Gespräch auszutauschen.

Aktivität	Wie oft tatsächlich?	Wie oft gewünscht?	Zufriedenheitsgrad −5 bis +5	Offene Wünsche
intensive Gespräche				
sich gegenseitig tief in die Augen schauen				
sich küssen				
Zärtlichkeiten austauschen				
gemeinsam im Bett liegen, reden				
gegenseitige Massagen				
über Sex reden				
der anderen Person sagen, dass man sie begehrt				
Vorspiel				
Sex				
…				

Kreuzen Sie nun an, was aus Ihrer subjektiven Sicht auf Ihre Situation zutrifft:

☐ Wir schlafen heute weniger häufig zusammen als früher.

☐ Mir ist Zärtlichkeit wichtig.

☐ Meiner Partnerin ist Zärtlichkeit wichtig.

- ☐ Ich werde gerne gestreichelt.
- ☐ Meine Partnerin wird gerne gestreichelt.
- ☐ Mir ist Sex wichtig.
- ☐ Mir macht Sex Spaß.
- ☐ Meiner Partnerin ist Sex wichtig.
- ☐ Meiner Partnerin macht Sex Spaß.
- ☐ Wir haben beim Sex eine festgefahrene Routine.
- ☐ Ich fühle mich bei/nach dem Sex befriedigt.
- ☐ Mein Partner fühlt sich bei/nach dem Sex befriedigt.
- ☐ Manchmal habe ich keine Lust auf Sex, mache aber trotzdem mit.
- ☐ Manchmal hat mein Partner keine Lust auf Sex, macht aber trotzdem mit.
- ☐ Ich bin meist derjenige, der Sex initiiert.
- ☐ Mein Partner ist meist derjenige, der Sex initiiert.
- ☐ Wir versuchen öfter einmal etwas Neues.
- ☐ Ich langweile mich beim Sex manchmal.
- ☐ Sex ist ein Pflichtprogramm.
- ☐ Ich rede offen darüber, was mir gefällt und was ich mir wünsche.
- ☐ Während des Sex kommunizieren wir miteinander.
- ☐ Ich habe wegen früherer Erfahrungen manchmal Schwierigkeiten, mich hinzugeben.
- ☐ Beim Sex konzentriere ich mich vor allem darauf, dass meine Partnerin Erfüllung findet.
- ☐ Ich habe manchmal das Gefühl, dass ich im Bett nicht sehr gut bin.
- ☐ Ich kann mich frei hingeben.
- ☐ Meine Partnerin gibt sich frei hin.
- ☐ Ich sage meiner Partnerin, wo ich berührt werden möchte.
- ☐ Ich weiß, wo meine Partnerin gerne berührt wird.
- ☐ Manchmal habe ich Schmerzen während des Sex.
- ☐ Ich habe fast jedes Mal einen Orgasmus.
- ☐ Mein Partner hat fast jedes Mal einen Orgasmus.

- ☐ Mein Partner weiß, was mir gefällt.
- ☐ Ich weiß, was meinem Partner gefällt.
- ☐ Wir mögen die gleichen Dinge.
- ☐ Mir ist Zärtlichkeit während des Sex wichtig.

Gibt es Positionen oder Handlungen, die Sie besonders mögen oder öfter einmal ausprobieren würden? Was würden Sie sich wünschen?

- Zeitpunkt: ____________________

- Ort: ____________________

- Atmosphäre, Drumherum: ____________________

- Vorbereitung, Vorspiel: ____________________

- Positionen: ____________________

- Aktivitäten: ____________________

- Stimulierende Filme oder Gegenstände: ____________________
  ____

- Danach: ____________________

Gibt es Dinge, die Sie nicht so gerne tun? Haben Sie das Ihrer Partnerin schon einmal gesagt?

Was möchten Sie Ihrer Partnerin zum Thema Intimität gerne mitteilen?

Das Gespräch zum Thema „Intimität“

Wenn Sie sich ohnehin viel und offen über Intimität und Sex unterhalten, birgt dieses Kapitel vielleicht nicht viele Überraschungen für Sie. Gehen Sie trotzdem gemeinsam Ihre Antworten durch, um zu erfahren, ob Sie Ihre Partnerin tatsächlich so gut kennen, wie Sie meinen. Und wenn Sie nicht oft über intime Dinge reden, dann ist es höchste Zeit dafür!

Was für Gefühle und Bedürfnisse gilt, hat für den Bereich der Intimität ebenso Geltung: Es gibt keine richtigen und falschen Antworten. Das Ziel ist ganz einfach, mehr über die andere Person herauszufinden und danach zu fragen, wie man sich ergänzen und gegenseitig Erfüllung schenken kann, ohne dass ein Partner dabei Bedürfnisse unterdrücken oder umgekehrt sich zu etwas zwingen muss. Manchmal genügt es für ein erfüllteres Intimleben, Missverständnisse auszuräumen und die Scham zu überwinden, um den anderen wissen zu lassen, was einem gefällt. Es ist wichtig, auf die Partnerin einzugehen, aber genauso wichtig ist es, in der Lage zu sein loszulassen, um sich hinzugeben. Vielleicht ermöglicht Ihnen das Gespräch, freier im Umgang mit Sexualität zu sein und sich weniger Sorgen zu machen über das, was gerade passiert. Denn je freier und unbesorgter Sie sind, desto größer ist die Chance, in intimen Momenten Glück zu erleben.

Gesprächsthema 5: Geld und Macht

Sabine und Thorsten lebten bis vor Kurzem in einer kleinen Altbauwohnung. Doch die Miete wurde immer teurer, und sie entschlossen sich schließlich, eine Eigentumswohnung zu kaufen. Weil Kinder geplant sind, musste es schon eine Vierzimmerwohnung sein in einer Gegend, wo die Schulen einen guten Ruf haben. Das war nicht billig und das junge Paar konnte sich das aus eigener Kraft nicht leisten. Also halfen Sabines Eltern aus. Sie bezahlten die Hälfte des Kaufpreises unter der Bedingung, dass die Wohnung im Grundbuchamt ausschließlich auf Sabine eingetragen wurde. Der Gedanke dahinter war, dass Sabine im Fall einer Trennung die Wohnung einfach behalten könnte, ohne Streit darum, wer wen auszahlen muss. Für die andere Hälfte nahm das Paar einen Kredit auf, den sie nun zu gleichen Teilen abzahlen.

Thorsten zahlt nun dank des „großzügigen" Geschenks der Schwiegereltern weniger als er vorher für die Miete beisteuerte – und ist doch wütend. Er kann sich in der Wohnung einfach nicht wohl fühlen, weil er doch immer das Gefühl hat, er sei nur der „Mieter" seiner Frau. Wenn es etwas zu reparieren gibt, dann kümmert er sich nicht darum, es ist ja schließlich nicht „seine" Wohnung. Die beiden streiten sich immer häufiger.

Neben Intimität und Sex ist Geld einer der häufigsten Gründe, warum es in Beziehungen Unstimmigkeiten gibt, und das hat wohl damit zu tun, dass Geld symbolisch auch Macht bedeutet. Hinter Streitigkeiten um finanzielle Angelegenheiten verbergen sich möglicherweise tiefe emotionale Unzufriedenheiten. Diese müssen aufgedeckt werden. Doch lassen Sie uns erst einmal Ihre konkrete Situation beleuchten. Auch wenn Sie denken, dass Geld bei Ihnen überhaupt keine Rolle spielt, ist die Frage danach, wer die „Macht" in Ihrer Beziehung hat, es wert, sich mit dem Thema zu beschäftigen.

Über wie viel Euro (ungefähr) verfügen Sie gemeinsam im Monat?

Woher kommt das Geld:

Von Ihnen: ____%, vom Partner: ____%, von dritter Seite: ____%

Verfügen Sie über getrennte Kassen oder gibt es ein gemeinsames Konto?

In der folgenden Tabelle finden Sie einige typische Ausgaben, die in jedem Haushalt anfallen. Falls Sie beide Geld verdienen und zusteuern, schreiben Sie auf, wer jeweils wie viel der Kosten trägt (ungeachtet von eventuellen Kostenübernahmen von Drittseite, etwa in Form von Kindergeld, Großelterngeschenken oder Ähnlichem).

Kosten	Ihr Anteil in %	Anteil des Partners in %
Miete (Hypothek)		
Versicherungen		
Rücklagen/Lebensversicherung/ Sparverträge		
Grundnahrungsmittel		
Kleidung		
Ausbildung/Fortbildung		
Essen gehen		

Kosten	Ihr Anteil in %	Anteil des Partners in %
Hobbys		
Vergnügungen (Kino, Eintritte usw.)		
Kinder (Schulsachen, Schulgeld, Ferien)		
Auto		
Urlaub		
Ihre Privatausgaben		
Privatausgaben des Partners		
Anderes		

Sind Sie zufrieden damit, so wie es im Moment ist? Wo würden Sie sich Änderungen wünschen?

In den wenigsten Fällen verdienen beide Partner gleich viel Geld und teilen sich auch die Ausgaben gleichmäßig. Das ist nicht realistisch, und eigentlich kommt es auch nicht darauf an. Es hat aber Bedeutung, wenn ein Partner das Gefühl hat, mehr zu investieren als der andere. Oder wenn ein Partner das Gefühl hat, durch finanzielle Abhängigkeit auch persönlich abhängig zu sein. Da mit dem Thema Geld meist auch Dinge wie Macht, Kontrolle, Abhängigkeit und manchmal sogar Demütigung verbunden sind, gestalten sich Gespräche zum Thema dementsprechend schwierig. Es ist sinnvoll herauszufinden, welche Gefühle für Sie und den Partner mit der Thematik verbunden sind. Nicht von ungefähr ist das Wort „Investition" ja auch nicht auf den finanziellen Sektor begrenzt, sondern meint durchaus auch oft emotionale Investition. Wer kein Geld investiert, wird vom Partner vielleicht auch emotional als nicht engagiert erlebt.

Versuchen Sie es einmal, in Prozent auszudrücken: Von den 100% Geld, das in Ihrer Parnerschaft im Umlauf ist, wie viel investieren Sie – wie viel Ihr Partner?

Mein Anteil: ______%   Partner: ______%

Gehen wir davon aus, dass das Engagement, das nötig ist, um eine Beziehung am Laufen zu halten, auch 100% ausmacht. Wie viel davon investieren Sie, wie viel Ihr Partner?

Mein Anteil: ______%   Partner: ______%

Unabhängig davon, wie Ihre Situation tatsächlich aussieht, in welcher Rolle würden Sie sich wohler fühlen: Wären Sie lieber jemand, der finanziell versorgt wird und sich um nichts kümmern muss, oder jemand, der finanziell unabhängig ist und auf niemanden angewiesen ist? Was macht Ihnen mehr Freude, etwas zu verschenken oder etwas geschenkt zu bekommen? Warum?

Wenn es stimmt, dass es beim Thema Geld meist um sehr elementare Dinge wie Macht und Abhängigkeit geht, dann hat dies meist mehr mit der Vergangenheit zu tun als mit der gegenwärtigen Beziehung. Überlegen Sie also auch einmal, woher Ihre Ängste und Wünsche kommen:

- War Geld ein Thema zwischen Ihren Eltern? Wer verdiente mehr und was bedeutete das für die Beziehung der Erwachsenen, die Sie als Kinder erlebt haben?
- Was haben Sie als Kind über Geld gelernt? Welche Erfahrungen haben Sie gemacht?

- Was brauchen Sie im Leben, um sich materiell sicher zu fühlen?
- Welche Ängste begleiten Sie in Bezug auf Geld und materielle Sicherheit?

Stellen Sie sich vor, Sie würden jemanden in den Urlaub einladen. Was erwarten Sie im Gegenzug?

Stellen Sie sich vor, jemand lädt Sie in den Urlaub ein. Wie würden Sie Ihre Dankbarkeit zeigen wollen? Was wäre Ihnen unangenehm?

Fällt es Ihnen leicht, Personen, die Ihnen Geld schulden, daran zu erinnern, das Geld zurückzuzahlen?

Ist das Thema „Geben und Nehmen" auch Thema in der Partnerschaft (finanziell, aber auch in anderer Hinsicht)? Sehen Sie sich eher als jemand, der gibt, oder jemand, der nimmt?

Im Folgenden führe ich einige Dinge auf, an der sich die Macht in einer Beziehung ablesen lässt. Natürlich hat jemand, der Geld hat, auch Macht (nämlich finanzielle Entscheidungen zu treffen). Aber vielleicht hat der andere Partner Macht durch den besseren Zugang zu den Kindern oder in Bezug auf die täglich zu treffenden Entscheidungen. Es gibt auch die Macht, den anderen durch Worte zu verletzen, die Stimmung zu diktieren oder Entscheidungen zu fällen.

Markieren Sie auf den folgenden Skalen, bei wem die Macht liegt, eher bei Ihnen oder eher bei Ihrem Partner. Wenn Sie glauben, es herrscht ein ausgewogenes Gleichgewicht, zeichnen Sie das Kreuz genau in die Mitte.

Wer verdient das Geld?
Sie ______________________________ Partner

Wer trifft alltägliche Entscheidungen (Ausflüge, Essen, Urlaube, Einladungen)?
Sie ______________________________ Partner

Wer bestimmt, wann und wie sexuelle Begegnungen stattfinden?
Sie ______________________________ Partner

Wer bestimmt, wie die Stimmung in der Beziehung ist (wobei es leichter ist, einen Partner stimmungsmäßig runterzuziehen, als jemanden in Hochstimmung zu versetzen)?
Sie ______________________________ Partner

Wer hat die Macht der Kommunikation (wer dominiert in Gesprächen und vermag, den anderen durch Worte zu verletzen)?
Sie ______________________________ Partner

Wer bekommt mehr Bestätigung von außen (durch Freunde, beruflichen Erfolg etc.)?
Sie ______________________________ Partner

Wer hat den leichteren emotionalen Zugang zu den Kindern (falls vorhanden)?
Sie ______________________________ Partner

Sind Sie zufrieden mit der derzeitigen Situation oder wünschen Sie sich in einem der Bereiche eine Veränderung? Wo?

Gibt es einen anderen Bereich, in dem sich in Ihrer Beziehung Macht ablesen lässt?

Was macht es mit Ihnen, wenn Sie sich in bestimmten Bereichen „ohnmächtig“ fühlen? Wie äußert sich das? Was würde Ihnen helfen?

Was könnte dazu verhelfen, dass in Ihrer Beziehung beide Parteien das Gefühl einer ausgewogenen Machtverteilung haben?

Das Gespräch zum Thema „Geld und Macht“

So brisant das Thema Geld für viele Paare ist, dahinter steckt doch meist ein ganz anderes Thema: Macht und Abhängigkeit. Dabei ist es egal, ob man derjenige ist, der mehr Geld dazusteuert oder der weniger einbringt – schwierig ist es auf beiden Seiten.

Es können auch andere schwierige Fragen dahinterstehen: Werde ich am Ende alleine und ohne Einkommen dastehen? Ist mein Partner ehrlich oder macht er hinter meinem Rücken Schulden? Muss ich, wenn ich eines Tages meinen Partner verlassen sollte, bis an mein Lebensende weiterzahlen? Kriege ich eines Tages vorgehalten, dass ich zu wenig beigesteuert habe? Werde ich nur wegen meines Geldes geliebt?

Es erfordert viel Ehrlichkeit und Vertrauen, um über Geld zu reden. Mit Hilfe der obigen Fragen, die sich auf frühere Erfahrungen beziehen, können Sie sich vergegenwärtigen, dass es hier um grundlegende Ängste und Verhaltensweisen geht. Es wäre schön, wenn Sie nun im gemeinsamen Gespräch Verständnis füreinander erreichen könnten und es Ihnen möglich wäre, so weit auf die Ängste des Partners einzugehen, dass in Zukunft weniger Abhängigkeitsgefühle und Demütigungen entstehen.

Wichtig ist aber auch, über „Macht“ ganz allgemein nachzudenken. Oft stellt sich bei genauem Hinsehen nämlich heraus, dass Macht sehr vielschichtig ist und auf Ebenen eine Rolle spielt, an die man zunächst gar nicht denken würde. Vielleicht benutzt der Partner, der sich finanziell abhängig fühlt, seine Depression, um beim Partner Schuldgefühle hervorzurufen. Dadurch entsteht eine nicht zu unterschätzende Machtposition! Oder ein Partner kann zwar entscheiden, wohin der Urlaub geht, kommt aber nicht an die Kinder heran und leidet darunter. Es geht darum, verschiedene Machtsphären zu identifizieren und alle Gefühle von Macht und Ohnmacht aufzudecken.

Dabei kann es durchaus sein, dass Sie die Machtverhältnisse ganz unterschiedlich bewerten. Vielleicht denken beide Partner von sich selbst, sie würden in Geldfragen entscheiden. Oder beide Partner sehen im Bereich Stimmung die Macht beim jeweils anderen. Streiten Sie dann bitte nicht darüber, wer recht hat, sondern finden Sie heraus, woran es liegt, dass beide sich in diesem Bereich ohnmächtig fühlen.

Was bedeutet Macht überhaupt? Nehmen Sie etwaige Frustration, Wut oder Ohnmachtsgefühle ernst, bei sich selbst, aber auch bei Ihrem Partner. Überlegen Sie gemeinsam, welche Balance für Ihre Beziehung gesund wäre. Das Ziel ist nicht, das völlige Gleichgewicht zu erreichen, das wäre nicht realistisch. Wünschenswert wäre aber, dass beide Partner sich der Thematik bewusst sind und darüber im Gespräch bleiben.

Gesprächsthema 6: Familienleben, Kinder

Lisa und Kadir haben zwei Kinder (vier und sieben Jahre alt). Beide teilen sich die Hausarbeit, bringen die Kinder abwechselnd zur Schule und in den Kindergarten, spielen mit den Kindern. Doch in Erziehungsfragen ziehen sie nicht immer am selben Strang. Kadir hält Konsequenz in der Erziehung für äußerst wichtig. Er wünscht sich, dass die Kinder möglichst viel draußen spielen und nicht drinnen vor dem Fernseher oder dem Computer hocken. Es ist ihm wichtig, dass sie beim Essen sitzen bleiben und ihren Teller leer essen. Zwischendurch gäbe es keine Süßigkeiten, wenn es nach ihm ginge. Aber leider geht es nicht nur nach ihm. Lisa erlaubt den Kindern viel mehr. Die halten sich deshalb an sie, wenn sie etwas wollen, und umgehen den Vater. Er hat schon oft versucht, mit Lisa darüber zu reden, aber sie antwortet immer nur, es sei okay, wenn die Eltern unterschiedliche Maßstäbe hätten, das täte den Kindern gut. Kadir fühlt sich ohnmächtig und wütend.

Es geht in diesem Buch nur um Sie, das Paar. Aber wenn Kinder da sind, spielen diese unweigerlich auch für die Paarbeziehung eine große Rolle. Daher wollen wir uns in diesem Kapitel mit dem Thema Kinder und Familie beschäftigen.

Natürlich erhoffen sich die meisten Eltern, dass Kinder die Zweierbeziehung bereichern und vervollkommnen. Aus dem Paar wird eine Familie, aus Partnern werden Eltern. Doch oft entspricht die Realität am Ende nicht so ganz der Vision, die man einst hatte. Manchmal beginnen Konflikte schon vor der Geburt der Kinder, wenn ein Partner vielleicht weniger Interesse an der Familienplanung hat als die andere Person. Oder der Stress, der auf die Geburt folgt, ist so überwältigend, dass Risse in der Zweierbeziehung entstehen. Manchmal sind sich Eltern auch uneins über die Art, wie die Kinder erzogen werden sollen. Sobald mehr als zwei Personen zusammenleben, gibt es auch mehr als eine Beziehung: bei drei Personen gibt es drei Zweierbeziehungen, bei vier Personen bereits sechs. Dann passiert es manchmal, dass eine Person das Gefühl hat, zu kurz zu kommen. Auch das kann zu Konflikten in der Paarbeziehung führen. Eine ganz andere Sorge ist die, wie Kinder damit zurechtkommen, dass es Spannungen zwischen den Eltern gibt. Viele Eltern glauben, sie müssen als Paar den Kindern zuliebe zusammenbleiben.

Die folgenden Fragen sollen Ihnen helfen, mit Ihrer Partnerin ins Gespräch zu kommen und das Thema „Familie“ einmal aus anderer Perspektive anzugehen.

Erinnern Sie sich einmal zurück an die Zeit, bevor das Kind oder die Kinder kamen. Hatten Sie und Ihre Partnerin die gleichen Wünsche, was die Familienplanung anging? Wollten Sie Kinder? Wann wollten Sie Kinder? Ist alles so gekommen, wie Sie es sich gewünscht haben? Wie sind Sie damit umgegangen, falls Ihre Partnerin andere Vorstellungen hatte?

Was wäre passiert, wenn Sie keine Kinder bekommen hätten? Wo wären Sie heute? (Haben Sie kein schlechtes Gewissen: Man kann seine Kinder über alles lieben und trotzdem der Freiheit, die man verloren hat, oder den Träumen, die man aufgegeben hat, nachtrauern!)

Im Folgenden sollen Sie sich ein Bild von Ihrer Familie machen. Dies einmal aus einem anderen Blickwinkel zu tun, kann helfen, Zusammenhänge oder Muster zu erkennen, die man im Alltag oft übersieht. Im anschließenden

Gespräch mit Ihrer Partnerin fallen Ihnen vielleicht sogar noch weitere Besonderheiten auf.

Zunächst malen Sie auf einem gesonderten Blatt Ihren Familienbaum auf. Schreiben Sie die Namen beider Partner in das untere Drittel des Blattes. Von Ihnen gehen Striche zu Ihren Kindern, darüber machen Sie Striche zu Ihren Eltern und auch noch zu deren Eltern, so dass Sie am Ende einen Familienbaum mit vier Generationen haben. Bei Patchworkfamilien ist es wichtig, alle Eltern der Kinder mit einzutragen.

Nehmen Sie dann ein zweites Blatt zur Hand und zeichnen Sie ein anderes Bild von Ihrer Familie, ein sogenanntes Soziogramm. Diesmal zeichnen Sie zunächst einen großen Kreis. Darin stehen die Namen aller Familienmitglieder, die momentan zusammenwohnen. Danach malen Sie außerhalb des Kreises Personen, die auch wichtig für das Familienleben sind: z. B. die Eltern der Stiefkinder oder auch Großeltern, ältere Kinder, die bereits ausgezogen sind, etc.

Nun versuchen Sie, durch Verbindungslinien darzustellen, welche Beziehungen besonders innig und harmonisch (gerade oder blaue Linie) und welche konfliktreich (rote oder gezackte Linie) sind. Falls jemand von außerhalb des Kreises großen Einfluss hat, kann das ebenfalls mit einer Linie deutlich gemacht werden.

Sie haben jetzt zwei ganz unterschiedliche Darstellungen Ihrer Familie. Schauen Sie sich beide Darstellungen an und achten Sie auch darauf, wer wo platziert wurde. Notieren Sie jetzt, ob Ihnen etwas auffällt (z. B. viele Scheidungen, „starke Frauen", Stressfaktoren, die von außen kommen, Isolation einzelner Familienmitglieder etc.). Setzen Sie sich nun mit den folgenden Fragen auseinander:

Gibt es einzelne konfliktreiche Beziehungen innerhalb der Familie? Worum geht es in dem jeweiligen Konflikt?

Was würde den beteiligten Personen helfen, ihren Konflikt beizulegen? Wie könnte eine Lösung des Konflikts aussehen?

Manchmal gibt es in einer Familie ganz allgemein Konflikte und Stress. Dafür kann es so viele Gründe wie Familien geben: finanzielle Engpässe, besserwisserische Schwiegermütter, Krankheit, Auffälligkeit eines Kindes, Uneinigkeit in Erziehungsangelegenheiten und noch hundert andere Dinge. Überlegen Sie einmal, was die Ursache für konfliktreiche Beziehungen in Ihrer Familie sein könnte bzw. was sie möglicherweise verschärft:

Sind die Kinder untereinander zerstritten? Welcher eigentliche Konflikt liegt zugrunde? Gibt es Kräfte von außen, die an ihnen zerren?

Ist es so, dass vor allem ein Elternteil Schwierigkeiten mit den Kindern hat? Wenn ja, welche Vorteile und welche Nachteile ergeben sich daraus für den zweiten Elternteil? Ist es möglich, dass der zweite Elternteil – unbewusst – den Konflikt schürt?

Was würde der Familie dabei helfen, die Konflikte zu lösen und den Stress zu minimieren?

Lassen Sie uns nicht bei den Konflikten stehenbleiben. Beschreiben Sie auch, was alles gut läuft: Was sind die Stärken in Ihrer Familie? An welche Zeit denken Sie gerne zurück?

Ziehen Sie als Eltern an einem Strang? Oder vertreten Sie unterschiedliche Ansichten, was Erziehungsmethoden angeht? Um was geht es Ihnen primär bei der Erziehung?

Was glauben Sie, um was geht es Ihrer Partnerin primär bei der Erziehung?

Was macht Ihre Partnerin gut in Bezug auf die Kindererziehung? (Haben Sie ihr das schon einmal gesagt?)

Benennen Sie zwei oder drei wichtige Gemeinsamkeiten in Ihrer Erziehung sowie zwei oder drei Unterschiede:
Gemeinsamkeiten: ______________________________
Unterschiede: ______________________________

Wie zufrieden sind Sie mit Ihrer Beziehung zu den Kindern?

Was glauben Sie, wie zufrieden ist Ihre Partnerin mit der Beziehung zu den Kindern?

Was würden Sie selber in Bezug auf Ihre Kinder gerne anders machen?

Was glauben Sie, was würde Ihre Partnerin in Bezug auf die Kinder gerne anders machen?

Wie könnten Sie den anderen Elternteil in seiner Beziehung zu den Kindern unterstützen?

Wie könnte der andere Elternteil Sie in Ihrer Beziehung zu den Kindern unterstützen?

Hier ist eine Tabelle mit Funktionen, die Eltern ausüben. Ergänzen Sie bitte, was aus Ihrer Sicht fehlt. Kreuzen Sie anschließend an, welche Aussage auf Sie zutrifft.

Funktion	Ich bin zufrieden damit	Ich würde dies gerne mehr tun	Ich würde dies gerne weniger tun
Emotionale Versorgung (spielen, trösten etc.)			
Materielle Versorgung (Geld zur Verfügung stellen)			
Praktische Versorgung (Essen machen, Wäsche waschen, Transporte durchführen etc.)			
Sich um schulische Angelegenheiten kümmern			
Vorbild sein			
Erziehung (das Einhalten von Regeln durchsetzen)			
…			

Haben die Kinder bemerkt, dass Ihre Partnerschaft kriselt? Macht sich das irgendwie bemerkbar?

Haben Sie schon einmal gedacht oder gesagt, dass die Kinder der Grund dafür sind, dass Sie zusammenbleiben wollen? Was spricht dafür? Was spricht dagegen?

Was bedeutet es für Ihre Partnerschaft, wenn die Kinder in einigen Jahren aus dem Haus sind?

Was wünschen Sie sich für die Zukunft?

Das Gespräch zum Thema „Familienleben, Kinder"

Die traditionelle Familie – Vater, Mutter, zwei Kinder – wird heute immer seltener und macht einer Vielzahl an möglichen Konstellationen Platz. Es gibt Alleinerziehende, geschiedene Eltern mit gemeinsamem Sorgerecht, Pflegefamilien, Patchworkfamilien mit Kindern aus verschiedenen Beziehungen und gleichgeschlechtliche Eltern. Jede Konstellation hat ihre eigenen Vorteile und Probleme. Tatsache aber ist, dass jede Familie das Recht hat auf bestmögliche Unterstützung – gerade so, wie sie existiert – und Bestätigung braucht. Ganz egal, ob Sie eine traditionelle Familie sind oder nicht, jedes Mitglied Ihrer Familie soll stolz sein können auf sich selbst und auf seine Familie! Gerade Kinder interessieren sich für ihre Ahnenreihe, ihre Herkunft, ihre Abstammung. Allerdings kann so ein Familienstammbaum ganz schön kompliziert werden, wenn biologische und Adoptiveltern, frühere Partner und neue Stiefeltern Platz finden sollen. Aber es ist wichtig, sich bewusst zu machen, wer alles zur Familie gehört.

Daher hoffe ich, dass Ihnen die Erstellung des Familienbaums und des Soziogramms auch Spaß gemacht hat. Vergleichen Sie beide Darstellungen mit denen Ihrer Partnerin. Gibt es Abweichungen? Warum? Sind alle Familienmitglieder gleich angeordnet? Wer steht im Mittelpunkt? Was sagt die Art und Weise der Anordnung über das jeweilige Selbstverständnis des Zeichners und über die Familiendynamik aus? Es gibt kein Richtig oder Falsch, es geht lediglich darum, sich darüber klar zu werden, ob es schon im Ansatz Unterschiede gibt, wie beide Partner die Familie sehen.

Erlauben Sie aber auch sich selbst und Ihrer Partnerin, einmal darüber nachzudenken, was gewesen wäre, wenn Sie keine Kinder bekommen hätten. Natürlich ist es sinnlos, durchs Leben zu gehen und versäumten Chancen nachzutrauern. Es ist aber genauso sinnlos, tatsächliche Enttäuschungen und echte Trauer zu verleugnen. Dies führt nur zu Verdrängung und aufgestauter Frustration. Sich solcher Gefühle bewusst zu werden, hat oft eine befreiende Wirkung und nichts damit zu tun, dass man sich „die Kinder wegwünscht".

Sollte eines Ihrer Kinder ein „Problemkind" sein, dann braucht es unter Umständen besondere Zuwendung, die den Rahmen dieses Buches sprengen würde. Wichtig zu wissen ist auch: Viele Kinder mit auffälligem Verhalten sind sogenannte „Systemträger" der problematischen Paarbeziehung. Mit anderen Worten: Sie versuchen, durch ihr Verhalten auf die Elternbeziehung Einfluss zu nehmen. Dann werden sie oft zum Psychologen geschickt, obwohl es eher die Eltern sind, die dies bräuchten. Dabei ist weder dem Kind noch den Eltern bewusst, dass das Kind wegen der Eltern auffällig geworden ist (sei es, weil es Aufmerksamkeit will, die Aggression von einem Elternteil auf sich selbst umleiten will, um den anderen Elternteil zu schützen, oder weil es einfach nicht weiterweiß). In diesem Falle tun Sie Ihrem Kind den größten Gefallen, wenn Sie an der Paarbeziehung arbeiten.

Das bedeutet aber auf gar keinen Fall, dass Sie wegen der Kinder zusammenbleiben müssen. Tatsächlich ist für die meisten Kinder eine tatsächliche Trennung, die respektvoll vonstattengeht, sehr viel einfacher auszuhalten als ständige Feindseligkeiten und die stille Bedrohung durch das vermeintlich verheerende Auseinanderbrechen der Familie.

Es hilft Ihren Kindern sehr, wenn Sie etwaige Auseinandersetzungen nicht vor ihren Augen austragen, ihnen aber auch keine heile Welt vorspielen. Zeigen Sie Ihren Kindern, dass Erwachsene Konflikte in respektvoller Weise miteinander austragen können. Wenn Ihre Kinder sich Sorgen machen, dann erklären Sie, dass Sie um eine Lösung bemüht sind und dass, egal was am Ende dabei herauskommt, beide Eltern stets für die Kinder da sein werden.

Was Ihren Kindern gar nicht hilft, ist, wenn Sie sich über sie und wegen ihnen streiten. Dabei geht es oft um unterschiedliche Ansätze in der Kindererziehung. Es gibt hier keine Patentrezepte. Tatsächlich werden Sie am Ende eine für sich passende Lösung finden müssen. Natürlich ist es optimal, wenn die Eltern am selben Strang ziehen. Dann wissen die Kinder ganz klar, woran sie sind, und können niemanden gegeneinander ausspielen. Aber wenn es Unterschiede in der Auffassung gibt, wie die Erziehung aussehen sollte, dann können sich die Kinder damit arrangieren. Sie lernen, sich zurechtzufinden. Schlimm wäre es nur, wenn ein Elternteil den anderen hinterrücks sabotiert oder absichtlich die Eltern-Kind-Beziehung erschwert. Die Fragen in diesem Kapitel sollen Ihnen ermöglichen, ein Gespräch in die Wege zu leiten, das hoffentlich zu neuen Erkenntnissen und Möglichkeiten führen wird.

Gesprächsthema 7: Einen anderen Menschen ändern

Yasemin und Philipp stehen kurz vor der Trennung. Philipp macht Yasemin wahnsinnig mit seiner irrationalen Eifersucht. Zu Anfang der Beziehung fand sie es noch schmeichelhaft, dass er alles über sie wissen, jeden Moment mit ihr verbringen und alle ihre Freunde kennenlernen wollte. Doch mit der Zeit wurde seine Tendenz, Besitz von ihr zu ergreifen, immer schlimmer. Sie muss Bericht erstatten, mit wem sie sich trifft, wann sie zurückkommt, und zwischendurch schickt er ihr so viele Textnachrichten, dass sie sich total kontrolliert fühlt.

Philipp begründet sein Verhalten damit, dass seine Mutter ihn als Kind immer alleine gelassen hat, um mit ihren verschiedenen Liebhabern zusammen zu sein. Yasemin kann zwar verstehen, dass dies eine traumatische Erfahrung war, aber sie will trotzdem so nicht weiterleben. Entweder Philipp ändert sich, oder es ist aus.

Jeder Mensch hat Fehler. Es kann niemanden geben, der alle Erwartungen erfüllt, und auch wir selbst sind nicht perfekt. Das scheint eine banale Weisheit zu sein, und doch verbringen viele Menschen viel Zeit damit, den perfekten Partner zu suchen. Am Anfang einer Beziehung hält man ja die andere Person dann oft wirklich für perfekt. Bis die Ernüchterung einsetzt. Aber was genau muss man tolerieren, und wann ist der Punkt erreicht, wo es nicht mehr geht?

Beschreiben Sie einmal Ihren Traumpartner. Welche Eigenschaften wünschen Sie sich? Schreiben Sie diese in die linke Spalte.

Eigenschaften meines Traumpartners	
...	

Tragen Sie nun in der zweiten Spalte als Überschrift „Eigenschaften meines Partners“ ein und listen Sie dessen tatsächliche Eigenschaften auf. Hoffentlich entdecken Sie dabei, dass Ihr Partner trotz allem viele Stärken hat, die Sie schätzen. Denn wenn Sie hier überhaupt keine Übereinstimmungen zwischen Ihren Wunschvorstellungen und der Realität entdecken, dann sind Sie vielleicht wirklich mit dem falschen Menschen zusammen.

Was glauben Sie, wie Ihr Partner die obige Frage beantwortet hat?

Eigenschaften seiner Traumpartnerin	Meine Eigenschaften
...	

Schauen Sie sich nun noch einmal an, wie Sie Ihren Partner beschrieben haben. Was empfinden Sie einem Menschen gegenüber, der diese Eigenschaften hat? Können Sie bei sich ein Grundgefühl des Respekts feststellen?

Denken Sie nun einmal darüber nach, was Sie an Ihrem Partner ändern möchten. Sind es Persönlichkeitsmerkmale oder Verhaltensweisen (ein Persönlichkeitsmerkmal wäre etwa Fröhlichkeit, Aussehen oder Intelligenz)?

Falls Sie sich wünschen, Ihr Partner soll bestimmte Persönlichkeitsmerkmale ändern, machen Sie sich bitte gleich klar, dass Sie diese Veränderung niemals erreichen können. Wenn Sie tatsächlich mit der Persönlichkeit Ihres Partners nicht klarkommen, Sie also nicht akzeptieren können, dass er so ist und nicht anders, dann wäre eine Trennung möglicherweise für sie beide die beste Lösung.

Anders ist es mit dem Verhalten: Man kann sein Verhalten ändern. Jemand, der jähzornig ist, kann durchaus versuchen, eine bessere Art der Kommunikation zu erlernen. Jemand, der vergesslich ist, kann sich mit Hilfe eines Notizbuchs oder Kalenders wichtige Termine merken.

Wie realistisch sind Ihre Änderungswünsche? Notieren Sie im Folgenden drei Dinge (es dürfen natürlich auch weniger sein), möglichst in einem ganzen Satz (warum, merken Sie gleich), die Sie an Ihrem Partner stören:

1. ______________________________

2. ______________________________

3. ______________________________

Warum stören Sie diese Dinge eigentlich? Führen die beschriebenen Verhaltensweisen dazu, dass Ihre Grundbedürfnisse missachtet werden? Falls dies so ist, dann sollten Sie erst einmal das Kapitel zum Thema „Bedürfnisse und Wünsche“ durcharbeiten. Möglicherweise erreichen Sie dabei, dass Ihr Partner mehr Rücksicht auf Ihre Bedürfnisse nimmt.

Falls das störende Verhalten aber nur nervig ist, dann hat das oft damit zu tun, dass Charakteristika oder Verhaltensweisen anderer Menschen, die in uns große Emotionen wie Verachtung oder Wut auslösen, meist mehr mit uns selbst zu tun haben als mit diesen Menschen. Möglicherweise machen uns Eigenschaften anderer zu schaffen, die wir in uns selbst spüren, die uns vielleicht unangenehm an unsere Eltern erinnern oder die wir unterdrücken, verdrängen und dann unbewusst auf das Gegenüber projizieren. Mit Hilfe der nachfolgenden Übung können Sie versuchen, mehr darüber herauszufinden:

Verändern Sie die oben niedergeschriebenen Sätze so, dass Subjekt und Objekt ausgetauscht werden. Einige Beispiele:
„Tim interessiert sich nicht für mich“ wird zu: „Ich interessiere mich nicht für Tim.“
„Carmen arbeitet zu viel und hat nie Zeit“ wird zu: „Ich habe keine Zeit für Carmen.“
„Micha ist zu unordentlich“ wird zu: „Ich bin zu unordentlich.“
„Lara will immer alles bestimmen“ wird zu: „Ich will immer alles bestimmen.“
Lassen Sie Ihrer Fantasie freien Lauf und verdrehen Sie die Sätze so, dass sich ihr Sinn völlig ändert. Schreiben Sie die Sätze auf, die Ihnen spontan einfallen:

1. ______________________________

2. ______________________________

3. ______________________________

...

Schauen Sie sich nun diese Sätze in Ruhe an und überlegen Sie, ob in einem der Sätze ein Körnchen Wahrheit steckt!

Versuchen wir noch einen weiteren Perspektivwechsel: Vielleicht ist nicht der Partner das Problem, der so nervige Sachen macht, sondern Sie haben das Problem, weil diese Dinge Sie stören.

Schreiben Sie die obigen Originalsätze noch einmal auf, aber beginnen Sie jeden Satz mit den Worten: „Es stört mich *nicht*, dass ..."

1. ______________________________

2. ______________________________

3. ______________________________

...

Lesen Sie sich diese neuen Sätze jetzt in Ruhe durch und überlegen Sie dabei, wie es wäre, wenn die Sätze wahr wären.

Wie würde sich eine solche Einstellung auf Ihr Leben und auf Ihre Partnerschaft auswirken?

Gab es einmal eine Zeit, als diese Dinge tatsächlich nicht gestört haben?

Um Missverständnissen vorzubeugen: Natürlich gibt es auch Dinge, die man nicht akzeptieren sollte. Wer gedemütigt, geschlagen, ständig kontrolliert oder in anderer Hinsicht schlecht behandelt wird, muss solche Vergehen nicht ertragen und sollte sie auch nicht entschuldigen. In den obigen Übungen geht es lediglich um die weniger gravierenden Dinge, die uns oft beim Partner nerven.

Es ist einfacher, die eigene Haltung zu ändern als die Verhaltensweisen anderer Menschen.

Was glauben Sie, welche Dinge hat Ihr Partner aufgeführt, die ihn stören?

1. ______________________________

2. ______________________________

3. ______________________________

Hatten Sie schon einmal das Gefühl, dass Ihr Partner Sie gerne anders haben möchte, als Sie sind? Was bedeutet das für Sie?

Verstehen Sie die Grundbedürfnisse, die hinter den Wünschen Ihres Partners stecken?

Zu welcher Änderung wären Sie bereit?

Haben Sie schon einmal Anstrengungen unternommen, Dinge Ihrem Partner zuliebe zu ändern? Wurden diese Anstrengungen bemerkt?

Stellen Sie sich vor, dass die von Ihnen gewünschten Änderungen am Ende nicht eintreten. Was würde das bedeuten? Würden Sie auch in zwanzig Jahren noch wütend über die gleichen Dinge werden, oder könnten Sie sich damit arrangieren, mit einem Menschen mit kleinen Macken zu leben? Wo ist für Sie die Grenze? Welche Änderungen sind in Ihren Augen unerlässlich?

Das Gespräch zum Thema „Einen anderen Menschen ändern"

Der Wunsch, der Partner möge sich ändern, wird bei vielen Paaren in Beziehungskrisen oft als ganz dringlich wahrgenommen. Trotzdem habe ich das betreffende Kapitel weiter hinten im Buch platziert. Dahinter steht meine Hoffnung – und meine Erfahrung –, dass Paare, die sich in mehreren intensiven Gesprächen über ihre Gefühle, Wünsche und Ängste ausgesprochen haben, dieses Kapitel am Ende gar nicht mehr brauchen; dass Menschen, die begonnen haben, die Bedürfnisse des anderen besser wahrzunehmen und zu respektieren, und die sich selbst auf einmal wieder verstanden und respektiert fühlen, sich gar nicht mehr so gestört fühlen vom Verhalten des Partners.

Wenn Sie sich dieses Kapitel dennoch vorgenommen haben, dann hoffentlich nur, weil es um kleine Angewohnheiten geht, die stören. Denn die Persönlichkeit des Partners werden Sie wie gesagt nicht ändern können. Wenn Sie also die Persönlichkeit des Menschen, den Sie lieben, nicht in Frage stellen, sondern sich lediglich über kleine Dinge aufregen, dann ist es durchaus legitim, dies offenzulegen. Dieses Kapitel möchte Ihnen die Möglichkeit geben, offen darüber zu reden, was Sie beide aneinander stört.

Führen Sie sich bitte vor Augen, dass es nur zwei Möglichkeiten gibt: Entweder schafft die andere Person es, ihr

Verhalten zu ändern, oder Sie müssen lernen, damit zu leben. Daher zielten viele der vorangehenden Fragen darauf ab, eine festgefahrene Situation einmal aus einem anderen Blickwinkel zu betrachten. Tun Sie dies spielerisch. Aber versetzen Sie sich auch in die andere Person hinein: Fühlt sie sich abgelehnt durch Ihr Gestörtsein? Kann es sein, dass sie sich oft bemüht, Ihren Ansprüchen zu genügen, und Sie sehen nur die Misserfolge, nicht aber die Erfolge? Drehen Sie die Fragen auch einmal um: Fühlen Sie sich abgelehnt? Kommt es Ihnen so vor, als ob all Ihre Anstrengungen nicht gesehen werden? Reden Sie miteinander!

Wie eingangs gesagt: Ihr Partner wird niemals perfekt sein! Sie selbst werden niemals perfekt sein! Gestehen Sie sich doch gegenseitig einfach das Recht zu, manchmal genervt zu sein!

Gesprächsthema 8: Unsere besondere Herausforderung

Marcel und Lars sind seit sechs Jahren zusammen. Beide gehen offen mit ihrer Homosexualität um, allerdings findet Marcel, es sei seine Privatsache, und er will es nicht immer gleich an die große Glocke hängen. Die meisten seiner Kolleginnen und Kollegen wissen es, aber deswegen muss Marcel keine Regenbogenfahne auf seinem Schreibtisch stehen haben, und ein Foto von seinem Mann hat er dort auch nicht. Lars dagegen ist sehr politisch und möchte überall Flagge zeigen. Er glaubt, Toleranz – oder vielmehr Akzeptanz – dürfe nicht erbettelt, sondern müsse gefordert und vorausgesetzt werden. Letzte Woche war er auf einer Demo für die Rechte von Schwulen, Lesben und Transgendern, während Marcel zu Hause geblieben war, unter dem Vorwand, er müsse noch etwas arbeiten. Auf dem Nachhauseweg wurde Lars von einer Gruppe rechtsradikaler Jugendlicher zusammengeschlagen. Nun liegt er mit einem Nierenriss und gebrochenen Rippen im Krankenhaus. Marcel macht sich die größten Vorwürfe, dass er nicht zur Stelle gewesen war, als Lars ihn gebraucht hätte.

Jedes Paar und jede Situation ist anders. Möglicherweise kämpfen Sie mit Problemen, die bisher in diesem Buch noch nicht erwähnt wurden. Ob Sie nun eine Wochenendbeziehung führen, mit einer Krankheit leben oder auch ganz andere Herausforderungen meistern müssen – hier ist der Platz, Ihre eigene Problematik zu besprechen. Einigen Sie sich mit Ihrer Partnerin darüber, welches Thema Sie behandeln wollen, und schreiben Sie es hier auf. Sie haben jetzt ja auch schon einige Erfahrung in der Gesprächsführung. Wenn Ihnen Fragen einfallen, die zur Klärung der Situation helfen würden, dann einigen Sie sich vorab auch auf diese zusätzlichen Fragen.

Ihre besondere Situation:

Die Situation belastet mich auf einer Skala von 0 (gar nicht) bis 10 (extrem) so:

0____1____2____3____4____5____6____7____8____9____10

Meine Partnerin wird die Belastung auf der Skala von 0 bis 10 wahrscheinlich so bewerten:

0____1____2____3____4____5____6____7____8____9____10

Wodurch entstand die schwierige Situation? Gibt es Auslöser bzw. seit wann besteht die Problematik?

Welche anderen, äußeren Faktoren tragen zur Problematik bei?

Was könnte getan werden, um diese Faktoren zu beseitigen?

Welche Lösungsversuche haben Sie in der Vergangenheit bereits unternommen?

Woran liegt es, dass diese Versuche die Problematik bisher noch nicht beseitigt haben?

Was fühlen Sie bei diesem Thema, was würden Sie gerne Ihrer Partnerin mitteilen?

Was wünschen Sie sich?

Was glauben Sie, was Ihre Partnerin sich wünscht?

Was denken Sie, könnten Lösungsvorschläge sein?

Was wird Ihre Partnerin wohl als Lösung vorschlagen?

Woran würden Sie merken, dass das Problem keine Belastung mehr darstellt?

Eigene Frage: ______________________________

Das Gespräch zum Thema „Unsere besondere Herausforderung"

Versuchen Sie, im gemeinsamen Gespräch die Thematik so zu besprechen, dass Sie Gefühle erkennen und Ihre Partnerin besser verstehen. Stellen Sie Ihre Lösungsvorschläge einander gegenüber und wägen Sie ab, was machbar ist. Eventuell können Sie auch unterschiedliche Vorschläge ausprobieren, machen Sie dann einen Zeitplan, wie lange Sie die Lösung ausprobieren und wann Sie das Ergebnis besprechen wollen.

Wenn Sie sich bei einem neuerlichen Termin zum Thema treffen, bestimmen Sie nochmals, wie groß die Belastung durch die Situation ist, und stellen Sie fest, ob sich etwas verbessert hat.

Das Ziel ist auch hier, wie in allen vorangegangenen Kapiteln, nicht unbedingt die sofortige Lösung aller Konflikte, sondern vielmehr, dass Sie sich austauschen, verstehen und einen Weg finden, um gemeinsam an einer Lösung zu arbeiten.

Gesprächsthema 9: Einflüsse von außen, frühe Prägung

Pia und Finn haben keine Kinder, aber Pia hat eine über achtzigjährige Mutter, die pflegebedürftig ist und um die sie sich kümmern muss. Glaubt sie zumindest. Pia hatte immer eine enge Beziehung zu ihrer Mutter, auch wenn die immer sehr kritisch gewesen war und ihrer Tochter stets das Gefühl gegeben hatte, Dinge nicht richtig zu machen und sich nicht genügend anzustrengen. Insgeheim ist Pia eigentlich wütend darüber, dass sie nie so hat sein dürfen, wie sie ist, aber sie hat gelernt, diese Wut nicht zu zeigen und stattdessen für alles die Verantwortung zu übernehmen. Deshalb kümmert sie sich jetzt vorbildlich um die gebrechliche Mutter, die dies aber kaum zu würdigen weiß. Dafür kriegt Finn jetzt Pias ganze Wut ab. Sie hat begonnen, ständig an Finn herumzumäkeln, so wie ihre Mutter das bei ihr getan hat. Lange hält Finn das nicht mehr aus!

Einige der Probleme, mit denen Sie sich als Paar auseinandersetzen müssen, haben womöglich gar nichts mit der Beziehung zu tun. Dies könnte der Fall sein, wenn Sie oder Ihr Partner

- durch die Umstände gezwungen sind, getrennt zu leben,
- in einer vorherigen Beziehung große Verletzungen erlebt haben und das Misstrauen nun den Partner trifft,
- in der Kindheit Konflikte erlebt haben, die bis heute ungelöst blieben,
- sexuellen Missbrauch erlitten oder andere Gewalterfahrungen gemacht haben,

- mit massiven psychischen Problemen zu kämpfen haben (geringes Selbstvertrauen, fehlende Empathie oder Liebesfähigkeit, psychische Störungen),
- durch dritte Personen in Anspruch genommen werden (etwa eine pflegebedürftige Mutter oder ein dominierender Vater, herausfordernde Kinder etc.),
- durch äußere Umstände (Arbeitslosigkeit, große finanzielle Belastungen) verunsichert werden.

Es gibt noch eine Menge anderer Situationen, die Paare auseinanderreißen oder doch zumindest eine harmonische Zweisamkeit sehr schwierig machen.

Durch welche Faktoren wird Ihre Beziehung erschwert?

Wie sähe Ihr Leben aus, wenn diese Situation sich verändern würde?

Kann man die Situation verändern, und wenn ja, wie?

Wenn Sie alle Beziehungen, die Sie in Ihrem Leben hatten, Revue passieren lassen, fallen Ihnen dann bestimmte Gemeinsamkeiten auf? So suchen z. B. Menschen, die sich in der Kindheit alleingelassen fühlten, oft die Nähe zu einem Partner, halten dann aber sogleich Ausschau nach Anzeichen, dass dieser sich distanzieren möchte. Andere Menschen hatten schlechte Erfahrungen mit einem Elternteil, der zu viel Alkohol trank, und leben jetzt in der ständigen Furcht, der neue Partner könnte ein ähnliches Problem entwickeln.

Welche Themen kommen in Ihren Beziehungen immer wieder vor?

Machen Sie eine Liste mit Vorwürfen, die Sie Ihren Eltern bzw. früheren Partnern gegenüber machen oder gemacht haben. Fragen Sie sich dann, inwieweit Ihr jetziger Partner in das gleiche Schema passt bzw. inwiefern er sich unterscheidet.

	Schlechte Erfahrungen …	**Ihr Partner?**
mit der Mutter		
mit dem Vater		
mit einem früheren Partner		
…		

Was können Sie tun, um an Ihren Themen zu arbeiten, wo können Sie sich Hilfe holen?

Was würden Sie Ihrem Partner in Bezug auf die Schatten der Vergangenheit gerne mitteilen?

Was wünschen Sie sich von Ihrem Partner an Unterstützung?

Welche Schatten der Vergangenheit lasten auf Ihrem Partner, was glauben Sie?

Haben Sie früher schon einmal als Paar über die Vergangenheit geredet? Wie haben Sie diese Gespräche in Erinnerung?

Wahrscheinlich werden Sie, wie wir alle, noch immer von Glaubenssätzen geprägt, die Sie als Kind gelernt haben. Ich rede hier nicht von religiösen Glaubenssätzen, sondern von Thesen, die man entweder ungefragt übernimmt oder aber unbewusst für sich aus seinen Erfahrungen herausfiltert. Vervollständigen Sie die folgenden Sätze ganz spontan, ohne groß darüber nachzudenken. Wenn Sie sich keine Zeit zum Überlegen lassen, können Sie herausfinden, was Ihre unbewusste Grundeinstellung zu diesen Dingen ist.

Männer sind ...

Frauen sind ...

Geld ist ...

Liebe ist ...

Familie bedeutet ...

Sex ist ...

Leidenschaft ist ...

Schwäche ist ...

Konflikte sind ...

Einsamkeit ist ...

Falls Sie wirklich ganz spontan aufgeschrieben haben, was Ihnen zu diesen Begriffen eingefallen ist, dann überlegen Sie sich jetzt einmal, inwieweit diese unbewussten Assoziationen Ihre Einstellung zum Leben lenken oder zumindest beeinflussen könnten.

Werden Sie oder Ihr Partner von anderen angefeindet, diskriminiert oder aus bestimmten Gründen ausgegrenzt (wenn z.B. ein

Partner aus einem anderen Kulturkreis kommt oder wenn die Eltern den Lebenspartner nicht akzeptieren wollen)? Wie wirkt sich das auf Ihre Beziehung aus? Mit der Anfeindung der Gesellschaft zu leben, wirkt sich verständlicherweise belastend auf den Einzelnen und auch auf das Paar aus, andererseits können aber auch hohe Erwartungen von außen (nach dem Motto: „Wann kommen endlich meine Enkelkinder?") ebenso bedrückend sein. Wie können Sie sich gegenseitig unterstützen?

Welchen Stellenwert hat das Leben (im Beruf, mit Freunden, beim Hobby) außerhalb der Beziehung für Sie?

Welchen Stellenwert hat das Leben außerhalb der Beziehung wahrscheinlich für Ihren Partner?

Macht Ihnen das hohe (oder niedrige) Interesse Ihres Partners an Dingen außerhalb der Beziehung eher Angst, oder bereichert es die Beziehung?

Auf Dauer kann eine Beziehung sich nicht selbst genügen. Jeder Mensch braucht auch ein selbstständiges Leben, eigene Interessen und Zeit für sich. Was können Sie tun, damit Ihr Leben Dinge enthält, die Sie bereichern (und damit auch zu einer interessanteren Partnerin machen)?

Das Gespräch zum Thema „Einflüsse von außen"

Wenn Sie alle Kapitel bis hierhin durchgearbeitet haben, über Gefühle und Bedürfnisse geredet haben, den Partner jetzt besser verstehen, sich nähergekommen sind und trotzdem immer noch große Unsicherheit verspüren, kann das Gründe haben, die außerhalb Ihrer jetzigen Beziehung liegen. Denn jeder Mensch trägt seine ganze Vorgeschichte mit sich herum und merkt dabei oft nicht, wie groß der Einfluss der Vergangenheit darauf ist, wie man heute empfindet und andere Menschen interpretiert.

Sinn dieses Kapitels ist es, gemeinsam ein Stück Vergangenheit aufzuarbeiten oder aber gemeinsam zu sehen, welche anderen Kräfte auf das Paar einwirken. Natürlich ist der Partner kein Therapeut und kann nicht helfen, alle vergangenen Verletzungen zu heilen. Wenn Sie solcherart Hilfe brauchen, wäre es in der Tat besser, eine Therapie aufzusuchen. Dennoch können Gespräche über solche Themen sehr bereichernd für die Paarbeziehung sein.

Da aber die möglichen Verstrickungen und Schwierigkeiten so vielfältig sind, ist es gar nicht möglich, durch Fragen alle Eventualitäten abzudecken. Lösen Sie sich also gerne vom vorgegebenen Fragenkatalog und versuchen Sie im freien Gespräch, Einflüsse aufzudecken, die in Ihrer Beziehung eine Rolle spielen.

Gesprächsthema 10: Sich noch einmal neu kennenlernen

Ulrike und Stefan sind seit sieben Jahren zusammen. Beide merken schon seit Längerem, dass es in ihrer Beziehung kriselt, aber sie können es nicht so richtig an einem konkreten Problem festmachen. Heftigen Streit gibt es eigentlich kaum, vielmehr scheint sich eine Art resignierte Gleichgültigkeit breitzumachen. Beide haben das Gefühl, dass sie sich irgendwie auseinandergelebt haben.

Eines Abends trauen sie sich, in einem langen Gespräch ihre Unzufriedenheit und Enttäuschung offenzulegen. Sie entdecken, dass sie zwar beide schon an Trennung gedacht haben, dass sie aber doch noch viel füreinander empfinden. Sie beschließen, einander mit mehr Bewusstsein, Präsenz und Achtsamkeit zu begegnen, sich wieder mehr füreinander zu interessieren und weiter im Gespräch zu bleiben.

In diesem Kapitel geht es um kein „Problem“. Dieses Kapitel ist für Paare, die herausgefunden haben, dass es bereichernd ist und sogar Spaß macht, sich einmal wieder richtig zu unterhalten, und die beschlossen haben, erst einmal zusammenzubleiben. Diese Fragen müssen auch nicht vorab schriftlich beantwortet werden, sondern Sie können sich ganz spontan mit Ihrer Partnerin hinsetzen, sich die Fragen gegenseitig vorlesen und sie dann mündlich beantworten. Es sind Fragen, die ein Gespräch ermöglichen sollen, wie Verliebte es zu Beginn ihrer Beziehung führen. Glauben Sie nicht, Sie wüssten schon alles über Ihre Partnerin. Es gibt immer noch viel zu entdecken und viel zu bereden.

Lassen Sie sich von den folgenden Fragen anleiten und planen Sie, falls Sie zusammenbleiben, auch für die Zukunft regelmäßig Unterhaltungen in dieser Art ein, um Ihr Interesse aneinander wachzuhalten! Denken Sie sich selber weitere Fragen aus!

Gibt es etwas in deinem Leben, für das du besonders dankbar bist?

Gibt es etwas in deinem Leben, das du bereust?

Was war der größte Erfolgsmoment in deinem Leben?

Welche Eigenschaft oder welches Talent hättest du gern?

Wärst du gerne berühmt? Wenn ja, womit würdest du gerne berühmt?

Wenn du zu einem Galadiner beim Bundespräsidenten eingeladen wärst (oder auf einer Hollywoodparty), mit wem würdest du dich dort gerne unterhalten?

Wie sähe der perfekte Tag für dich aus?

Wenn du für einen Tag eine Superkraft haben könntest (fliegen, Gedanken lesen, in die Zukunft sehen ...), welche würdest du dir aussuchen? Warum?

Wenn du an einem Tag eine Million Euro ausgeben dürftest, wie würdest du dieses Geld ausgeben? (Du hast nur 24 Stunden Zeit!)

Welche Eigenschaft sollte ein guter Freund auf jeden Fall haben?

Was würdest du in deinem Leben ändern, wenn du nur noch ein Jahr zu leben hättest?

Gibt es etwas, das du mir noch nie erzählt hast?

Wann hast du das letzte Mal geweint?

Was würdest du gerne noch im Leben sehen und erfahren?

Wenn es eine Wiedergeburt gäbe, als wer oder was würdest du gerne wiedergeboren werden?

Wenn du ein Jahr auf einer einsamen Insel verbringen müsstest und nur einen Gegenstand dorthin mitnehmen könntest, was würdest du mitnehmen?

An welchem Ort würdest du gerne für ein Jahr leben?

Wie und wo würdest du gerne unseren 25. (30.? 50.?) Hochzeitstag (oder Kennenlerntag) feiern?

Teil 3
Ausblick

Wenn ein Gespräch entgleist

Dieses Kapitel brauchen Sie erst dann zu lesen, wenn Sie bei einem Treffen Schwierigkeiten haben, so zu kommunizieren, dass es zu einem ehrlichen und offenen Austausch kommt.

Wie in der Einführung bereits erwähnt, ist dieses Buch nicht für alle Paare geeignet. Wenn es immer wieder zu heftigen Auseinandersetzungen kommt, ist vielleicht eine/-r der Partner nicht wirklich an einer Aussöhnung interessiert. Dieser Fall liegt vor, wenn eine Person

- dem Partner gegenüber nicht wirklich wohlgesonnen ist,
- gewisse Kommunikationstechniken (wie Beleidigungen, Schuldzuweisungen, Verächtlichmachung, Gewalt) nicht ablegen kann oder will,
- kein Problembewusstsein hat,
- eigentlich gar keine Partnerschaft will,
- ein Geheimnis hat (z. B. eine Affäre),
- nicht wirklich Kontrolle über sein Verhalten hat (da eine psychische Krankheit, Depression, Sucht oder Persönlichkeitsstörung vorliegt).

Überlegen Sie bitte ernsthaft, ob eine dieser Bedingungen auf Sie zutrifft. Wenn ja, seien Sie ehrlich, das sind Sie Ihrem Partner schuldig! Erwägen Sie gegebenenfalls, eine professionelle Beratung in Anspruch zu nehmen.

Falls das Gespräch aus einem anderen Grund abgebrochen werden musste, dann einigen Sie sich darauf, erst einmal getrennt die folgenden Fragen zu beantworten:

Haben Sie zugehört?

Haben Sie Ihre Gefühle zum Ausdruck gebracht?

Haben Sie die Gefühle, die Ihr Partner ausdrücken wollte, verstanden?

An welchem Punkt ist das Gespräch entgleist?

Versuchen Sie, in Worte zu fassen, welches Gefühl in Ihnen zu diesem Zeitpunkt vorherrschte.

Glauben Sie, dass die andere Person zu diesem Zeitpunkt um Ihren Gefühlszustand wusste?

Was hätte sie tun können, um Ihnen in diesem Moment beizustehen?

Was glauben Sie, welches Gefühl in Ihrem Partner zu diesem Zeitpunkt vorherrschte?

Waren Sie sich dieser Gefühle bewusst?

Was hätten Sie tun können, um der anderen Person in diesem Moment beizustehen?

Liegt der Grund für die Eskalation möglicherweise darin, dass Sie beide zu schnell die seit Längerem schwelenden Konflikte lösen wollen? Der Schuldfrage auf den Grund gehen wollen? Die andere Person dazu bringen wollen, sich zu verändern? Das kann nicht gut gehen! Sinn dieses Buches ist es, ins Gespräch zu kommen und Verständnis für die andere Person zu entwickeln, und das kann einige Zeit dauern. Erst wenn dies geschehen ist, können Sie darangehen, Lösungen zu finden und Entscheidungen für die Zukunft zu treffen.

Können Sie sich vorstellen, die Schuldfrage erst einmal zurückzustellen, bestehende Konflikte erst einmal liegenzulassen, um stattdessen wieder Zugang zum Seelenleben des Partners zu erlangen?

Manchmal ist es wirklich nicht möglich, einen bestehenden Konflikt zu ignorieren. Wenn die Verletzungen zu groß sind, ist man möglicherweise nicht in der Lage, für die andere Person Verständnis zu entwickeln. Aber dann ist unter Umständen die Grundvoraussetzung für die Art der Gespräche, die Sie mit Hilfe dieses Buches führen wollen, nicht gegeben: verständnisvoll zuhören zu können.

Formulieren wir daher die Frage einmal anders:

Stellen Sie sich vor, ein Wunder geschieht und der bestehende Konflikt ist auf einmal aus der Welt geschafft. Wären Sie in der Lage, für die andere Person wieder die Liebe und Zuneigung zu empfinden, die Sie einst empfunden haben?

Eine Wiederannäherung ist nur dann möglich, wenn beide Partner dies wollen. Ein klares Nein auf die eben gestellte Frage würde davon zeugen, dass Sie dem Partner gegenüber nicht wirklich wohlgesonnen sind und im Grunde keine Partnerschaft mehr wollen. Wenn dies der Fall ist, sollten Sie dies offen sagen. Dann muss es in weiteren Gesprächen darum gehen, wie Sie gemeinsam am besten eine gütliche Trennung hinbekommen.

Wenn Sie die Frage aber mit Ja beantwortet haben (da darf ruhig etwas Zweifel dabei sein), dann lohnt es sich, mit den Gesprächen fortzufahren.

Glauben Sie, Ihr Partner kann eines Tages die Liebe und Zuneigung von einst wiederentdecken?

Was könnte beim nächsten Gespräch helfen, eine Konfrontation zu vermeiden? Bitte machen Sie unbedingt einen ernsthaften Vorschlag.

Wozu sind Sie beim nächsten Gespräch bereit?

Gibt es noch etwas, das Sie vor einer neuerlichen Konfrontation bewahren könnte?

Wenn Sie die Fragen beantwortet haben, vereinbaren Sie gemeinsam einen neuen Termin und vergleichen Sie dann Ihre Antworten. Eruieren Sie zusammen, ob Sie einen neuen Versuch wagen wollen. Einigen Sie sich auf einen der von Ihnen gemachten Vorschläge, wie man Konfrontationen vermeiden kann, und probieren Sie diesen beim nächsten Mal aus. Bitte wählen Sie aber für den nächsten Termin erst einmal ein anderes Thema aus!

Wie geht es weiter?

Sie haben nun Ihre Beziehung von allen Seiten ausgeleuchtet und sich selbst und Ihre Partnerin besser kennengelernt. Wie soll es weitergehen? Falls diese Frage nach wie vor im Raum steht, dann planen Sie jetzt ein Gespräch darüber. Um Sie darauf vorzubereiten, beantworten Sie diejenigen der folgenden Fragen, die Ihnen in Ihrer jetzigen Situation sinnvoll erscheinen:

Vor dem Beginn unserer Gespräche (siehe das Kapitel „Bestandsaufnahme" in Teil I) haben Sie gesagt, dass Ihr Engagement für die Beziehung bei ______% liegt.

Wie beantworten Sie heute diese Frage? Mein Engagement liegt heute bei ______%.

Hat sich das Engagement bei Ihrer Partnerin (auch) geändert, was glauben Sie?

Die letzte Frage der „Bestandsaufnahme" zielte auf einen Konflikt, den Sie lösen möchten. Haben Sie diesen Konflikt bereits gelöst? Wenn nicht, was können Sie tun, um ihn noch zu lösen?

Was hat sich in Ihrer Beziehung geändert, seitdem Sie mit Ihren Gesprächen begonnen haben?

Empfinden Sie Glück, wenn Sie mit Ihrer Partnerin zusammen sind?

Empfindet Ihre Partnerin Glück, wenn Sie beide zusammen sind, was glauben Sie?

Diese nachfolgende Tabelle haben Sie im Kapitel „Bestandsaufnahme“ bereits einmal ausgefüllt. Füllen Sie nochmals aus, wo Sie Ihre Partnerschaft zurzeit sehen, und schauen Sie erst hinterher nach, ob sich etwas verändert hat.

positiver Umgang	**Machen Sie hier Ihr Kreuz auf der Linie**	**negativer Umgang**
Liebe/Zuneigung	____________	Desinteresse
Austausch von Zärtlichkeiten	____________	keine Berührung
Gemeinsamkeit	____________	Jeder macht sein eigenes Ding
Begehren/Verlangen	____________	Abstoßung/Ekel
respektvoller Umgang	____________	Verächtlichmachung/ Verletzung
Wohlwollen	____________	Nörgelei/Kritik
...	____________	...

Abschließend möchte ich Sie einladen, darüber nachzudenken, wie es mit Ihnen beiden und Ihrer Beziehung weitergehen könnte:

Diese Dinge laufen wirklich gut: ____________________

Im Englischen gibt es das Sprichwort: „Let’s agree to disagree.“ Das bedeutet: „Einigen wir uns darauf, dass wir uns hier nicht einig sind.“ Mit anderen Worten: Es gibt Dinge, über die sich kein ewiger Streit lohnt. Wir sind (oder empfinden) da zwar unterschiedlich, aber das ist okay, damit können wir leben.

Fragen Sie sich einmal:

Welche Dinge gibt es, die zwar nicht optimal sind, mit denen ich aber in Zukunft leben kann? Das wäre z. B.: ______________________

____

Welche anderen Dinge gibt es, mit denen ich mich nur schwer arrangieren kann? Aus meiner Sicht könnte sich Folgendes noch ändern: ____

Das wünsche ich mir: ____

Alternativ könnte ich mir auch dies vorstellen: ___________________

____

Was ich tun will, um dies zu ermöglichen: ______________________

____

Was ich mir von meiner Partnerin wünsche, um dies zu ermöglichen: ____

Falls meine Partnerin andere Vorstellungen hat, auf die ich mich nicht einlassen kann, bedeutet das: ____________________________

____

Mir persönlich wird es besser gehen, wenn ich alleine bleibe/wir zusammenbleiben, weil ____

Unseren Kindern wird es besser gehen, wenn wir uns trennen/ zusammenbleiben, weil ____

Was mir helfen könnte, mit einer Trennung klarzukommen und möglichst schnell wieder Fuß zu fassen: ______________________________

____

Warum ich mir gut vorstellen kann, dass wir zusammenbleiben:

____

Egal, was passiert, für meine Partnerin werde ich immer das empfinden: ____

Ich wünsche mir, dass wir in Zukunft so miteinander umgehen werden: ____

Falls wir weitere Unterstützung brauchen, könnte die von hier kommen: ____

Zum Abschluss möchte ich meiner Partnerin gerne dies mitteilen:

____

Das Gespräch zum Thema „Wie geht es weiter?"

Ich wünsche Ihnen, dass es Ihnen gelingt, gemeinsam eine Lösung zu finden, mit der Sie beide leben können. Vor allem hoffe ich, dass Sie gelernt haben, so miteinander zu kommunizieren, dass Sie in Zukunft, ob als Paar oder als Freunde, weiterhin in ehrlichem und offenem Kontakt bleiben und Probleme lösen können.

Falls Sie noch immer unentschieden sind, ob Sie zusammenbleiben wollen oder sich trennen sollen, führen Sie Ihre Gespräche fort oder suchen Sie doch noch eine Paarberatungsstelle auf! Es lohnt sich bestimmt!

Falls Sie sich entschlossen haben, auseinanderzugehen, so haben Sie hoffentlich gesehen, dass es sich trotzdem lohnt, respektvoll und empathisch miteinander umzugehen. Auch bei einer Trennung gibt es viel zu besprechen und zu regeln. Versuchen Sie, auch in Zukunft Ihre eigenen Bedürfnisse und die Ihrer Partnerin klar zu sehen und zu respektieren. Überlegen Sie, was Sie tun können, um sich emotional für die Zeit der Trennung zu wappnen.

Falls Sie sich entschlossen haben, zusammenzubleiben, herzlichen Glückwunsch! Bleiben Sie in gutem Kontakt miteinander und führen Sie regelmäßige Treffen ein, in denen Sie an die Gespräche der letzten Zeit anknüpfen. Lassen Sie es nicht wieder dazu kommen, dass Sie den Kontakt zu Ihren Gefühlen und denen Ihres Partners verlieren.

Ich wünsche Ihnen alles Gute für die Zukunft!

Halt finden in schwierigen Zeiten

Brigitte Dorst
Resilienz
Seelische Widerstandskräfte stärken

176 Seiten
Hardcover, 12 x 19 cm
ISBN 978-3-8436-0632-5

Stress im Beruf, Trennung von Partnern, schwere Erkrankung – Belastungen wie diese werfen manche Menschen völlig aus der Bahn. Andere können solche Krisen gut bewältigen. In der Psychologie werden diese Widerstandskräfte der Seele als Resilienz bezeichnet. Sie befähigen uns, in belastenden Lebenssituationen seelisch im Gleichgewicht zu bleiben.
Brigitte Dorst verdeutlicht, warum wir Resilienz gerade in schwierigen Zeiten brauchen. Die erfahrene Jung'sche Analytikerin und Psychotherapeutin ermöglicht den Leserinnen und Lesern, mit Hilfe wirksamer tiefenpsychologischer Übungen ihre Widerstandskräfte der Seele zu stärken.

PATMOS
www.patmos.de